中华美好山川

龙虎山

赵玉侠 ⊙ 编著

吉林出版集团股份有限公司

前　言

　　智者乐水，仁者乐山，中国山水雄奇伟丽，千姿百态，独具特色，与数千年文明相融合，积淀孕育了辉煌灿烂的山水文化。山山水水引发了无数的文化现象，成为中国文化的重要组成部分，也成为全人类的重要自然文化遗产。

　　山水文化的形成经历了漫长的历史过程，随着时代的进步，也在不断注入新的文明。山水首先是一种审美的文化，是最具美学价值的自然景观，给人以精神的愉悦和陶冶。《庄子》中说："天地有大美而不言，……原天地之美而达万物之理。"这正是人与自然之间的亲善而又和谐的关系的体现。人与山水之间审美关系的建立和发展，本质上是人类文明发展的表征，而我们对山水的自觉审美追求始于魏晋，当时人们崇尚自然，走向山林江湖，这种"体道"的直接结果是促进了山水文学和山水画的蓬勃发展，正如王国维所说："古今之大文学，无不以自然胜。"

　　中国人崇尚自然，喜欢山水，人们以大自然的山水为对象，创造了丰富多彩的山水文化。元人汤垕有云："山水之为物，禀造化之秀，阴阳晦冥，晴雨寒暑，朝昏昼夜，随形改步，无穷之趣。"正是对山水的无限热爱，中华民族才有了这极其可贵的文化贡献。左思说："非必丝与竹，山水有清音。"这种对山水清音的审美感受向来不只左思有，多数人亦有。中华大地，无山不美，无水不秀，"取欢仁智乐，寄畅山水阴"，庄子云："山林与！皋壤与！使我欣欣然而乐与！"这是中国人的山水观，更是一种山水情怀。

　　中国人喜爱山水，也与原始宗教文化有莫大关系。《韩诗外传》有云："山者，万物之所瞻仰也，草木生焉，万物殖焉，飞鸟集焉，走兽休焉，吐万物而不私焉。"《抱朴子·登涉》更直接说："山无大小，皆有神灵。山大则神大，山小则神小也。"古代"天子祭天地，祭四方，祭山川，祭五祀，岁遍；诸侯方祀，祭山川，祭五祀，岁遍；大夫祭五祀，岁遍；土祭其先"。对山川之神的祭祀膜拜，直接促使人们崇拜与敬畏山川，再加上我们是一个以农耕为主的民族，这使我们对山川更加依赖，与山川的关系更加紧密，这也成为我们文化的发端。

中国的文化特别是山水文化受道教哲学思想的影响较深。中国人制定礼仪规则，但又崇尚自然，老子的"人法地，地法天，天法道，道法自然"的哲学思想深受人们认同，山水文学和山水画最能直接体现这一哲学思想的影响之大。管子认为水是万物之本源，老子则说，上善若水，水善利万物而不争，处众人之所需，故几于道。这自然而然地注定中国山水文化发轫于斯。

佛教对山水文化的影响也不可小觑，天下名山僧占多，佛教对自然山水的开发和建设起了不可忽视的作用。众多的佛教名山荟萃了历代文物的精华，建筑、雕塑、书法、绘画等多有杰作存世。中国山水文化保留了历史的足迹，自古就有"读万卷书，行万里路"之说，把游历与读书相提并论，中国文化渊薮可见一斑。

中国天人合一的主体思想，以人为本，重视人与自然山水的和谐与协调。保护自然，与自然和谐共进是我们所追求的理想目标。人们涌向山川胜地体验自然是件好事，但不可使自然环境的承载能力超出其自身的净化能力，否则，许多名山大川的自然环境和人文环境就要遭受破坏，这些是人们所不愿看到的。为更好地弘扬祖国的山川文化，重视和保护祖国的美好山川，我们选择三山五岳、道教四大名山、佛教四大名山，以及黄河、长江两条母亲河共十八个山川文化遗存呈献给读者，以表达我们对祖国山川的无限敬爱。与此同时，我们也更祈盼它们能得到应有的关心和保护。

编者

2013年1月7日

目录

龙虎山名称的由来

　　龙虎山原名云锦山，因为山上有一块高100多米、宽数百米的五彩山，形状像非常大的云锦而得名。龙虎山名称的由来有两种说法：一种说法是当年张道陵乘船自鄱阳湖逆水而上，行到龙虎山的时候，便被龙虎山壮观的云锦石所陶醉，于是决定在此结炉炼丹，云锦山也因道陵天师"丹成而龙虎见"更名为龙虎山；另一种说法是根据山的形状而得名，即"状若龙虎"，在离主峰不远处往前看，就可见有一山曲折盘旋像蟠龙，另一山背卧像伏虎，形成龙虎对峙、龙蟠虎踞的壮观景象。有道是"山不在高，有仙则名"，龙虎山因天师在此结炉炼丹，修建道观，使道教遍

鸟瞰龙虎山

布天下，龙虎山也因此名扬天下了。龙虎山方圆200平方千米，境内峰峦叠嶂，树木葱笼，碧水长流，如绶如带，并以二十四岩、九十九峰、一百零八景著称。此山风景优美、景色宜人，吸引了大量游客。

张道陵

　　张道陵是张良的八世孙，道教徒称之为张天师。出生时，房间有日月照耀，香气久久不散。张道陵修炼三年，炼成真人，能呼风唤雨，除魔治病，在鹤鸣山开创道教。

鄱阳湖

　　鄱阳湖是我国第一大淡水湖，是一个神奇的水域。这里有稀世国宝白鹤，成为白鹤的世界，被称为珍禽王国。鄱阳湖光波浩渺，湖水碧清，天高水远，天然美景引人入胜。

云锦

　　云锦石我国优秀传统文化的杰出代表，因其绚丽多姿，美如天上的云霞而得名。在古代丝织物中，锦是代表最高技术水平的织物。

地形地貌

龙虎山在水流侵蚀、溶蚀、差异风化、重力崩塌等内外力的地质作用下，形成了峻峭赤壁、石峰环列、沟谷纵横和奇异怪状的峰峦，也使整个景区形成石峰、石刀、石柱、石墙、石洞、石画、石书等惟妙惟肖的景观。地形上由高到低，景观由密到疏，景点之密集，类型之多样，特景绝景之众多，在国外也数少见。龙虎山属于发育到老年的丹霞地貌，山块离散，呈峰林状。

龙虎山栈道

它的地质地貌独具特色，整个景区主要分为三大块：南东部以火山岩为主，中北部为丹霞地貌，其他部位多花岗岩。龙虎山的特点一是秀美多姿，与众不同，龙虎山的地形高差相对较小，最大只有240米左右，总体显得秀美多姿，婀娜俊秀，表现了一种至极的柔和俊秀之美；二是类型多样，分布集中，龙虎山丹霞地貌景观的类型有23种；

三是碧水丹崖，泸溪河像一条蜿蜒的玉带，将两岸的丹崖地貌景观巧妙地串联起来，景水相互映衬，美不胜收。

地质作用

地质就是地球的物质组成、结构、构造等。地质作用指引起地壳及其表面形态发生变化的作用。按能量分内力和外力。内力作用来自地球内部，外力作用来自地球外部。

地形

地形指陆地表面各种各样的形态。地形与地貌不完全一样，地形偏向于局部，地貌则一定是整体特征。如鞍部是地形，山谷是地貌。

花岗岩

花岗岩有美丽的斑纹，岗则表示这种岩石很坚硬，花岗岩也就是有着花般斑纹的刚硬岩石的意思。花岗岩是火山爆发的熔岩，是火成岩的一种，质地坚硬，常用于建筑装饰。

地形地貌

生 态 环 境

　　大自然赋予了龙虎山优美的生态环境。龙虎山有着奇特多样的地质遗迹和丰富多彩的文化，形态各异的自然洞穴岩墓，如诗如画的水韵风光，绚丽多姿的生态文化景观，交相辉映，环抱相拥。龙虎山景区结合自身特色，将景观绿化作为一项中心工作来抓，大力发展植树造林，栽植香樟、桂树等许多苗木，全面实施了龙虎山大道两侧、正一观片区等地的绿化工程。景区注重适地适树栽植，彰显龙虎山四季特色，景区初步形成十里杜鹃长廊、万亩板栗林等绿色生态景观。龙虎山景区注重加强资源环境保护，切实改善生态旅游环境。在度假功能区各相关宾馆、办公楼实施了污水处理建设工程，位于境内的龙虎山国家森林公园空气清新，是个天然大氧吧。同时，景区加强了森林防火监测站、病虫害检测站、野生动植物保护站三站建设。此外，还组建了专业的巡防队伍，有效地保护中华秋沙鸭等野生动物资源和水域渔业资源，并成功申报了国家级鱼类资源保护区和珍稀野生动物省级自然保护区。

生态环境

　　生态环境是指影响人类生存与发展的水资源、土地资源、生物资源以及气候资源数量与质量的总称，是关系到社会和经济持续发展的复合生态系统。

山水风光

中华秋沙鸭

中华秋沙鸭为鸭科秋沙鸭属的鸟类，俗名鳞胁秋沙鸭，是中国的特有物种。嘴侧扁，前端尖出，嘴和腿脚红色，头顶的长羽后伸成双冠状。

龙虎山国家森林公园

龙虎山国家森林公园位于上清，这里森林茂密，覆盖率大，种类繁多，环境非常优美。这里也是举世闻名的道教文化圣地，是许多游客魂牵梦绕的佳境。

生态环境

13

动植物资源

　　龙虎山风景区野生动植物资源丰富，原因是受气候影响，环境优美，有利于野生动植物的繁殖栖息。据调查统计，有兽类40多种，占全省106种的40%左右，已查明水生和陆生脊椎动物33目101科387种。爬行类动物主要是蛇类。在两栖类中，大鲵（娃娃鱼）最为珍稀。另外，这里也有有尾两栖类肥螈和蝾螈以及无尾两栖类的各种蛙类。鸟类资源丰富，有170多种。

　　龙虎山风景区植物区属于中国东南部湿润森林区，中亚热带常绿阔叶林亚带，武夷山西麓常绿栲楠林松杉林区。优越的自然条件孕育着丰富的植物资源。已查明有野生高等植物262科938属1626种。植被类型多样，据统计，区域内植物达

龙虎山大鲵

100科250属460种以上。森林类型主要有阔叶林、针阔叶混交林和针叶林，山上的木本植物已被广泛利用。

脊椎动物

有脊椎骨的动物主要有五大类，包括各种用腮呼吸的鱼类，其他的四类均用肺呼吸，为鸟类、爬行类、两栖类和各种哺乳动物，这类动物一般分为三部分：头部、躯干和尾部。

两栖类

两栖类是一类原始的、初登陆的、具五趾型的变温四足动物。两栖动物皮肤裸露，分泌腺众多，为混合型血液循环。其个体发育周期有一个变态过程，即以腮呼吸生活于水中的幼体，在短期内完成变态，成为以肺呼吸能营陆地生活的成体。

华南虎

华南指中国的南部，所以华南虎就是中国南部的虎。华南虎四肢特别粗，头呈圆形，耳朵较小，尾巴较长，身体呈橙色并间有横的黑色纹路，现在基本灭绝。

动植物资源

应 天 山

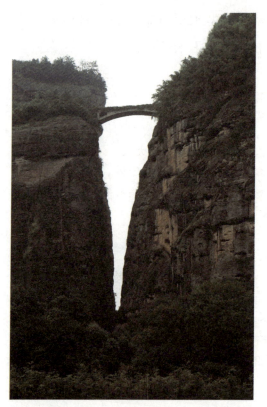

龙虎山景观

应天山景区是龙虎山景区之一，位于龙虎山上清国家森林公园东北部，距上清宫4千米。应天山海拔888米，山形高峻凸出、巍峨俊秀、高耸入云。山外环山，冬暖夏凉，环境优美。唐僧马祖曾在这里居住过，所以人们也称此山为禅师山。南宋著名理学家陆九渊于淳熙年间（1174—1189）也在这里结庐讲学5年。他观察应天山的山形像一头大象，改山名为象山，并创建象山精舍，后更名为象山书院，自号象山翁，也称象山先生。第十八代天师张士元也曾在这里修道。应天山重峦叠嶂，飞瀑流泉，风景秀丽。原始森林遮天蔽日，是龙虎山国家森林公园的重要组成部分。主要景观有象山精舍遗址、应天寺遗址、玉渊卧龙、七级瀑布、云客争路、松林陡坡、九峰联屏、碧莲池、射箭石、弹子石、歇石等。陆九渊曾有诗《应天山》，描写这里的秀美景致，并记述与友人的趣事。

陆九渊

　　陆九渊（1139—1193），号象山，字子静，书斋名"存"，世人称存斋先生。汉族，江西抚州市金溪县陆坊青田村人。

碧莲池

　　碧莲池是应天山的景观之一。这里一潭碧水，清波荡漾，水面波光粼粼，荷花绽放。荷叶上托着几朵盛开的白莲，宛如身穿白衣裙的少女翩翩起舞，婀娜多姿。

应天寺遗址

　　应天寺遗址在应天山南麓的鸡脚岭上，创建于宋代。南宋初，陆九渊在这里讲学，南宋末年经过重修，砖木结构，塑像21尊。后寺院破败倒塌，遗址仅存石炉1只。

上　清　溪

　　泸溪河流经上清镇，俗称上清溪。上清溪像一条迤逦的玉带，从东向西流，依山缓行，绕山转峰，似小憩，似恋景，过滩呈白，遇潭现绿，或轻声雅语，或静心沉思。上清河景色秀丽新奇，幽静可人。形成弯多、滩急、潭深、山高、林密的特点。天为山欺，水求石放，山重水复，别有天地。溪谷中还常见鸳鸯、野鸭嬉水，不避游人。上清溪现有竹筏漂流游览的旅游开发项目，四季可行。下雨天漂流，则两侧崖壁上山水流下如瀑布，竹排就穿行于瀑布之间；而遇到涨水，狭窄河道的水面会陡然升高，与开阔河面形成近两米的落差，行舟会格外刺激。飞禽不避人，人过谷传声，九十九曲、八十八滩、七十七弯、六十六峰、五十五岩、四十四景、三十三里，比较密集地分布在泸溪河两侧。乘筏顺泸溪河漂流而下，定会让您找到人在画中游，筏在仙境漂的感觉，让游人饱尝漂流乐趣。上清溪漂流以"妙在原始，美在自然"而享誉"华东第一漂"。

上清镇

　　上清镇位于鹰潭南面25千米处，古色古香，历经千年，麻石砌成的台阶被一代代人的脚力踩得溜光。千年来古镇凝聚着劳动人民的智慧与汗水，历史悠久古老。

上清溪

落差

　　落差引申为在比较中产生的差距不同，这里指因河床高度的变化所产生的水位差数。落差一般指河流、瀑布，还有心理上的差异。

鸳鸯

　　鸳鸯，鸟类名，雁形目鸭科鸳鸯属。似野鸭，体形较小。常见于沼泽、芦苇丛生的水面。有鸳鸯戏水、鸳鸯湖、鸳鸯蝴蝶等形容成双成对的词语。

泸 溪 河

泸溪河是信江的一条支流，全长286千米，在景区流经长达43千米，途经上泸镇，故名泸溪河。泸溪河只有滩没有岸，清澈见底，一年四季都是碧青色。水碧缘于山青，泸溪河两岸奇峰怪石很多，青山密林，流泉瀑布，犹如仙境，最典型的有十大美景。泸溪河面，两侧奇峰如笋。崖穴中，古人的棺木清晰可见，那里葬着古越部落们的灵魂和信仰，他们信仰太阳，所以葬于向阳的崖面；他们崇尚自然，所以葬于刀削的半崖之间。竹筏从上清镇码头出发开始漂流，竹林青翠欲滴，迎风摇曳，龙吟凤舞，婀娜多姿。游人躺在竹林绿水的怀抱

泛舟泸溪河

里，远离尘嚣之苦，淡忘名利之念，既无登山跋涉之劳，又可坐收饱览两岸秀丽之风光。水上还有小贩的叫卖声，沿途两岸茂林修竹，河水清澈纯净，没有受到污染，达到国家饮用水标准。乘船筏观看泸溪河的美景，就如置身在山水画廊之中，成为龙虎山旅游三绝之一。

信江

信江是鄱阳湖的水系之一，发源于浙赣的怀玉山和武夷山北麓的丰溪水，信江流域风光秀丽，名胜古迹众多，旅游资源、矿产资源丰富，交通发达。

国家饮用水标准

水的质量必须保证居民用水的安全，要求水的感官性好，看上去清澈，所含化学物质不危害人体的健康，没有异味、臭味，不含有病原微生物。

龙虎山三绝

龙虎山三绝中的第一绝是道教的源泉，第一代天师张道陵在此炼丹，创立道教；第二绝是泸溪河的胜景，河水清澈，明净秀美；第三绝是崖墓的神奇，悬棺之谜至今无人破解。

泸溪河

21

仙 水 岩

仙水岩景区离鹰潭市区约20千米。看奇峰、碧波，心情比较轻松，景色十分优美。仙水岩是仙岩和水岩的总称。水岩以其碧水丹山而闻名遐迩。这里看奇峰怪石、碧波荡漾，山水相映成趣，景点最为集中。

古人用"九十九峰之胜概，二十四岩之异迹"来赞美这里的绝妙景色，清溪蜿蜒绕山行，山水相映，奇峰逼岸，素有"小桂林"、"小漓江"之称。两岸的岩石千奇百怪，气象万千，造型奇特。有的雄伟壮丽，有的玲珑纤巧，有的像人，有的似兽，有的如物，因其形象不同而各有名称。像人的有三教岩、观水岩、对弈岩等；像动物的有狮子岩、仙犬岩、山羊岩等；如物的有辘轳岩、机杼岩、木屐岩等，惟妙惟肖，妙趣横生。从上清码头可以乘竹筏，一路上还可以看到"十不得"景点。在二十四岩的尽头为水岩，临溪有个大岩洞，洞内可以容纳数百人，洞前碧水澄清，洞顶悬空伸出江面，给人以摇摇欲坠之感。

仙岩

仙岩是神仙居住的地方，龙虎山以西，又叫仙人城，包括二十四岩和旱仙岩。仙岩形态各异，景色非常优美。

三教岩

　　三教岩是仙岩二十四岩之一，大自然的鬼斧神工造就了这神奇的景观，它就像三个人伫立在水池中，形象非常逼真，令人叹为观止。

十不得

　　十不得即仙水岩的十大美景，包括仙女配不得，尼姑背和尚走不得，玉梳梳不得，仙桃吃不得，莲花采不得，丹勺用不得，剑石试不得，石鼓敲不得，道堂坐不得，云锦披不得。

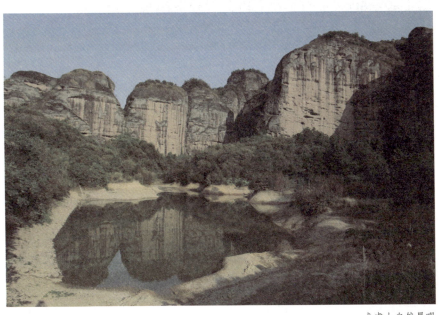

龙虎山自然景观

仙水岩

龙 门 洞

龙虎山人文景观

　　天师草堂前的天然幽处是炼丹岩，在炼丹岩旁边有一个龙门洞，它是龙虎山景区的重要景观之一。沿着龙门洞进入，可以到达山腰的长廊岩，约有100米。到达峰巅处还有飞升台、望仙峰，环境优美。极目环视，有雄伟的象山、景色绝美的仙水岩、奇特的排衙石、清澈柔美的泸溪河，这些美景尽收眼底。还有七星池，池水清澈，水净似镜，就像北斗七星撒落人间。山南是像人形的观音壁、像兽形的狮子峰和薛家寨，山北耸立的山峰，是像物的双剑峰，传说是张天师的雌雄斩妖剑。再看水皮毛洞，飞泉从峰顶的玉龙井喷薄而下，越过长廊岩注入濯鼎池，好似宽阔的玉帘挂在仙境之中。帘后有一深洞称"水帘洞"，瀑布落入洞前一泓泉池，池水清澈，常年不竭，传说祖天师在此洗丹鼎，故而称"濯鼎池"。这里环境清幽，恰似仙境。元代大书法家赵孟頫对此景曾赋予生动的描写："飞泉如玉帘，直下数百尺。新月悬帘钩，遥遥挂空碧。"登上龙虎山头遥望龙门洞，真是让人流连忘返。

炼丹岩

炼丹岩是张道陵炼丹的地方，这里前临深洞，瀑布飞流直下，景色优美，是龙虎山的重要景观之一。

赵孟頫

赵孟頫，元朝著名的画家、书法家，博学多才，能诗善文，尤其擅长楷书、行书，是赵匡胤的后代。在书画史上占有重要的地位。

水帘洞

水帘洞在炼丹岩的左侧，从悬崖顶端飞流直下，如果在这里大喊一声，水流会循声改变流向，如果登上龙虎山头遥望水帘洞，那又是另一个流连忘返的景致。

天 门 山

天门山位于上清镇南部，是龙虎山国家级风景名胜区、国家森林公园和龙虎山世界地质公园的重要组成部分，最高峰天台山海拔1300多米，与嗣汉天师府南北相对，相传为张天师遁化面仙进入天庭之所。天门山山势优美，构成惟妙惟肖的自然景观。沿山而上有棋盘石、龙门石、龙井等28处景点。整个游览区山坡陡险、谷地幽深、怪石遍地、巍峨壮观。深渊峡谷中碧水湍流不息，多处瀑布气势磅礴，形态各异，其中尤以姊妹瀑、青云瀑、浪荡矶最为奇特。天门山森林茂密、物种繁多，动植物资源非常丰富，这里有各种珍贵的中草药和奇花异草，还有许多珍禽异兽。火山岩地貌和茂密的森林融为一体，相映成趣，绚丽多姿，是人类拥抱自然、领略山水风光、沾山水灵气、观光览胜、进行科研和科普教育的绝佳场所。在这里，春天，万物复苏，嫩绿新装充满朝气，山花竞放，斗俏争艳，烟雨迷蒙，云海晨雾；夏天，绿影葱郁，蝉蛙争鸣；秋天，天高云淡，枫林如火，野果累累；冬天，银装素裹，万物静谧，景色迷人。

姊妹瀑

姊妹瀑是天门山最美丽的瀑布群。传说她们是结拜的三姐妹，都是鲤鱼精的侍女，在一次保卫鲤鱼精的战斗中，与水怪同归于尽，变成了瀑布。

龙虎山山水

青云瀑

　　青云瀑是天门山景区内最高的瀑布，飞丝如练的水雾，飘飘洒洒，在太阳光照射下分外美丽，瀑布冲入深潭，浪花飞溅，水声震耳，景色非常优美。

浪荡矶

　　在青云瀑顶端山涧中的两道瀑布，遇上雨季，涧水流量猛增，顺溪滚滚而下，掀起层层浪花，美丽壮观，所以有浪荡矶的美称。

象 鼻 山

象鼻山位于泸溪河东侧，象鼻山地质公园是龙虎山世界地质公园的重要组成部分，为什么要把它叫做象鼻山呢？第一，看它的形状。这是一座、巨大无比的天然石象立于山中，硕大的象鼻似乎从天而降，又深深扎入大地之中，惟妙惟肖，灵性暗蕴，被世人称为"天下第一神象"。第二，还有一个小小的说法：象是富贵、吉祥与地位的象征，它温和柔顺、安详端庄，是中国的吉祥物，也就是说，有了象鼻山，龙虎山就有了吉祥的美意。象鼻山属于丹霞地貌，因长期受雨水冲刷溶蚀风化而脱落，中空成穴，形成巨型石象。区内峰崖崔嵬，红流奔腾，赤壁四立，绿树

象鼻山

上覆，藤萝倒挂，瀑布斜飞，极具奇、险、秀、美、幽之景观特点和千姿百态的造型特征。这里四面环山，曲径通幽，小溪叮咚，风光秀丽，有象鼻山、神仙洞、螺丝峰、观景台、龙虎山庄、龙虎宾馆等景点。往西可通过仙象隧道到达仙水岩，东可沿旱路到达龙虎山脚下。

龙虎山世界地质公园

　　龙虎山世界地质公园由龙虎山园区、龟峰园区和象山园区组成，整个园区呈现出一幅碧水丹崖的天然画卷，属于丹霞地貌。其蕴藏着悠久的春秋战国古越文明及源远流长的佛教、道教等宗教文化。

神仙洞

　　三个并不显眼的红漆大字赫然石上——神仙洞。神仙洞与一般溶洞并无二异，因尚未开发，洞前杂草丛生，枯干枝叶横拦。进入神仙洞，首个洞厅宽敞有余，地面光滑。

龙虎山庄

　　龙虎山庄坐落于风景秀丽、四面环山的龙虎山风景区内，是龙虎山风景旅游区内唯一的涉外三星级旅游度假酒店。山庄分客房楼、餐饮楼、娱乐城三部分。

象鼻山

蜡 烛 峰

蜡烛峰是龙虎山的奇妙景致之一。蜡烛峰岩石形状高耸云端，呈圆柱形，很像日常使用的蜡烛，普照道教仙人日夜炼丹修道，所以称"蜡烛峰"。龙虎山仙人居、浴仙池、龟峰对着"蜡烛峰"有一处胜景，一块硕大巨形岩石，长方形，扁平，厚薄均匀，貌似一本天书，此岩被称为"烛照天书"。蜡烛峰属于丹霞地貌，是因流水冲刷侵蚀、风化剥蚀及重力崩塌作用而形成的相对孤立的石柱。它顶部呈火焰状锥形，平地拔起，四面如削，像蜡烛一样高耸入云而得名，取意"寿"。有的高峻伟岸，有的峻峭夺目，有的不甚显眼，千奇百态，甚为奇观。最高峻、最显眼、最具蜡烛状的巨柱顺序地排列三座，居中的那座柱峰最为高大，自然形成一个"山"字。在蜡烛峰左侧的山峰，是沿山体四周垂直节理面崩塌形成的残留石峰，顶面呈圆状锥形，形似草莓而被称为草莓峰，取意"禄"。象鼻山（福）、草莓峰（禄）、蜡烛峰（寿）三峰耸立，视为"三星高照"，寓意吉祥如意、富贵康禄。

天书

迷信所谓天神写的书或文字为天书，是一部写在天上或者说是被天国收藏的经典，而且是地上的人不曾接触过的巨著。

节理

　　节理就是在岩石露头上所见的裂缝，或称岩石的裂缝。这是由于岩石受力而出现的裂隙，裂开面的两侧可以向任何一个方向延伸，但垂直的节理更多一些。

三星高照

　　三星指天上的三颗星星，福星是太阳系九大行星之一的木星，禄星位于北斗七星的正前方，寿星就是传说中的南极仙翁。三星高照是表祝福的吉利话。

龙虎山栈道

蜡
烛
峰

圭　　峰

　　圭峰位于弋阳县南信江南岸，是世界自然遗产之一，地处三清山、龙虎山和武夷山之间，有"天然盆景"的美称。圭峰共有36峰，八大景观。圭峰原名龟峰，相传此处原是东海龙宫，所以山中有很多石头乌龟，而且所有的乌龟头都向着东方，因此游客进山之后，只要看看乌龟头就可以辨明方向。远望龟峰极像一只硕大无比的昂首巨龟，所以得名。后历代文人认为"龟"字不雅，取同音字"圭"字替代，改称圭峰。圭峰风景优美，丹山碧水奇峰如画，集自然精华，纳人文风采，聚天下名山之雄奇俊秀为一体。圭峰多泉，有间歇泉，神塘涌泉，也有犹如仙女散花的雨花泉。舍舟登陆，拾级上山。山峰有形有色，如老人峰、双剑峰、三叠龟峰、雨花岩、望郎峰等。在四声谷处拍掌

圭峰

三下，回音四起。一线天其狭无比，侧身而过，别有情趣。从远处眺望，如童子拜观音、老鹰戏小鸡、老虎赶羊、玉兔、马头等山峰惟妙惟肖。圭峰融5000年历史、宗教、养生、民俗文化于一炉，是一处人间胜境，一个魅力无穷的旅游区。

三清山

三清山指的是三座山峰，即玉京、玉虚、玉华三峰。三清山集天地之秀，纳百川之灵，是华夏大地的一朵风景奇葩。

老人峰

老人峰是圭峰的景点之一，形状像老人，身材匀称，如雕似琢，那拱揖打坐、泰然自若的样子，像是超凡脱俗的仙道，所以也称道者峰。老人峰是一个孤立的石峰，形象非常逼真。

一线天

从崖缝中看蓝蓝的天，游人至此，两山并立，相距不过数尺，抬头只见一线碧空，非常狭窄，故名一线天，有"鬼斧神工之奇"的称号，令人叹为观止。

天 玉 台

江上竹筏

　　天玉台是大道乾坤的景点之一，它的外形极像道士帽，白色建筑上下两层，仅存放着一块巨大的玉。这块来自中国东北的大玉，长5.6米，宽4米，高3米，重达183吨，玉体晶莹剔透，绿白相间，未经任何雕琢，故名"天玉"，它在灯光的照射下五彩缤纷，呈现迷人的色彩。这块玉从产地"请"到龙虎山非常不容易。2008年发现并开采，从山上运到山下足足用了半年。2008年12月，大玉启运，用的是巨型奔驰重载货车，据说这种车中国仅有3部。因为太重，运输中轮胎损坏严重，轮胎更换了几十个，车过大桥需在深夜，全桥封闭，禁止其他车辆通行，以免增加大桥负荷，运巨玉的车在不踩车刹的情况下，缓慢通过。有的桥不能承载此重量，车辆便绕道而行。历时一个多月，到2009年初，巨玉终于被"请"到龙虎山。虽然运途艰难，但巨玉平安无损。在兴建天玉台时，大道乾坤景区请来亚洲最优秀的人力搬运队伍，铺设专用道路，用千斤顶一寸一寸将宝玉"请"上天玉台。

道士

道士是信奉道教的教徒，以从事道教活动为职业。道士之称始于汉代，张角创立太平道之后，才有道教之名。道士身穿道袍，戴冠巾，穿云履。

大道乾坤

大道乾坤景区是中国龙虎山景区的一部分。大道乾坤景区首批开放的景点有水上广场、文化广场、栈道、水上廊桥，还有玉帝阁、神仙世界、文昌宫等一批景区。

璞玉

璞，蕴藏有玉的石头，或者是没有雕琢的玉。璞玉指天然形成，尚未经雕琢过的美玉。璞玉从古今都是非常珍贵的宝贝。璞玉也比喻尚未被人所知的贤才。

水上廊桥

　　水上廊桥是龙虎山旅游新的亮点建筑，极具特色，创意神奇，是大道乾坤的新景点之一。廊桥长为200多米，由三座拱桥连接而成，桥上有三座造型别致的凉亭。人们累了、热了，可以在凉亭下休息，也可以在上面观看美景。站在桥上极目远望，四周青山绿水尽收眼底，近处是著名景点金枪峰，夕阳下，数座山峰逶迤与金枪峰相连，酷似千百年来在此卧榻而休的老子。这尊"万年休闲老子"与金枪峰、巨型宝玉、龙生九子构成大道乾坤景区前期开放景观之"四绝"。水上廊桥规模宏大，雄伟壮观，建筑工艺精致。造桥工匠赋予了廊桥独特美观的外形，给人以美的享受。远望廊桥那优美的造型、独特的设计、动人的轮廓和美丽的小亭，与山光水色交相辉映，更觉景色迷人。近看，波影交辉，如诗如画。那桥那亭精细的装饰、精美的彩画和精湛的艺术，同样使人陶醉，令人流连忘返。在桥上凭栏观看那桥外的山水风光，令人十分惬意。

金枪峰

　　金枪峰是取金枪不倒之意。金枪峰为紫红色砂砾岩构造，经千万年变化，形成方山石柱，留下孤独的山峰。金枪峰形态威猛挺拔，屹立在高高的天穹，潇洒、飘逸，景观蔚为壮观。

老子

　　老子，春秋末期楚国人，又称老聃、李耳，是我国古代伟大的哲学家、思想家，道家学派创始人。著作《道德经》，它的精华是朴素的辩证法，主张无为而治。

龙生九子

　　龙是古代神话与传说中的一种神异动物，是一种图腾崇拜的标志。龙生九子一说为囚牛、睚眦、嘲风、蒲牢、狻猊、赑屃、狴犴、螭吻、负屃，另有说法为赑屃、螭吻、蒲牢、狴犴、饕餮、蚣蝮、睚眦、狻猊、椒图，九子各有不同。

金枪峰

龙 化 池

　　龙化池在龙虎山仙岩顶巅，是仙人城的景点之一。过了清浊水池，有一个大水池，当地人叫它为龙化池。它是山上道佛宫庵共用的水源和放生池。传说这里最初并没有水池，是许真君大战孽龙时，孽龙精用尾巴扫出来的，于是有了龙化池。江西有许多地方都有孽龙精发水患的传说，后被许真君所擒，压在万寿宫的井中。其实，孽龙精原不是龙，是一个大孝子。很久以前，有位姓薛的老大娘，她眼睛瞎了，只有一个儿子薛龙奉养她。他和母亲相依为命，靠打柴割草度日。有一年夏天，薛龙砍柴回家，路过一口泉水窟，突然发现水中有颗明晃的珠子，就把它带回家中，顺手将它放在米缸内。第二天，小半缸米变成一缸满满的米。这个长米宝珠的传言很快就传到财主耳中，于是财主便来抢。在争夺的过程中，薛龙吞下珠子，就变成了龙。他飞上龙虎山仙岩的山巅，用尾巴扫出了一个池子，引鄱阳湖的水来解渴，这个池子便名"龙化池"。

放生池

　　放生池是许多佛教寺院中都有的设施。佛学说放生第一，体现了佛教我佛慈悲的思想，即放生积德。实际上放生池就是人工开凿的池塘。

山水风光

许真君

　　许真君为晋代道士许逊，传说他曾镇蚊斩蛇，为民除害，道法高妙，闻名遐迩，时求为弟子者甚多。博通经史，明天文、地理、历律、五行，尤其喜好神仙修炼。

万寿宫

　　万寿宫是为纪念江西的地方保护神福主许真君而建，当地乡邻和族孙在其故居立起了许仙祠，南北朝时改名游帷观，宋真宗赐名并亲笔提"玉隆万寿宫"。

龙化池

仙 女 岩

仙女岩为举世无双的天下绝景，被称为大地之母，万灵之源。仙女岩坐落在江西省鹰潭市龙虎山仙水岩风景区，两旁峰林耸立、山势陡峭，怪石嶙峋。山峦属丹霞地貌，发育于白垩纪时期，砂砾岩经过万年的风霜侵蚀，雨水风化，冲刷变异，产生差异化的结果。岩石由红色砂砾岩石组成。仙女岩由于受地壳运动的压力，崖壁裂出长条缝隙，雨水顺着缝隙削蚀溶解，逐渐冲刷演化成怪异的溶洞，勾勒出仙女般的岩石壁画，惟妙惟肖地绘制在天然崖石上。该壁画坐南朝北，特别高，两边张开相互对称，中间长有青草，线纹清晰，风姿绰约，映衬在崖壁上栩栩如生，形象逼真，完全是大自然鬼斧神工的神奇杰作。天下奇绝的仙女岩，又称"仙女配不得"。在水涯一道碧湾里，停筏上岩数十步，有天造地设的造型，那是一位裸体仙女刚从泸溪河沐浴归来，尚未穿衣，下身裸露，

仙女岩

肤色逼真。俗称"仙女献花"，外国游客称它为"天下第一绝景"。仙始具有最典型、最精华的仙人岩洞景观。

大地之母

传说大地之母在希腊神话中是地神盖亚，开天辟地时由混沌所生。在中国神话中指后土和女娲，后人将二神合并祭祀，称娲皇后土圣母。

溶洞

溶洞指的是由雨水或地下水溶解侵蚀石灰岩层所形成的空洞，又称钟乳洞、石灰岩洞。它的形成是石灰岩地下水长期溶蚀的结果。

岩洞

岩洞种类很多，一般由洞体、石景、瀑布、光象、气象、生物（就是水中的鱼类，空中的蝙蝠、燕子，洞口的阴湿地被、藤本植物）、文化遗迹以及技术设施等构成。

仙女岩

夫 妻 峰

龙虎山风光

在龙虎山仙水岩风景区河东岸，有两座耸立的山峰紧紧地拥矗在一起，巍峨挺拔，龙虎山风景区称之为"僧尼峰"。这两座石峰形态像两个人相依相随抵背而行，民间流传为"雌雄石"，也称"夫妻峰"。属丹霞地貌，由红色砂砾岩石层构成，发育于白垩纪时期，经雨水侵蚀溶化，岩石在地壳不断剧烈运动中抬升，出现垂直裂缝，形成石峰。相传在仙人城尼姑庵里，有一位俏美少女从小跟随当尼姑的妈妈修身养性，过着艰苦的生活，不知人间冷暖。在一次下山砍柴中，因砍柴较多抬不动，被路过的少年和尚帮助，少女发现这位少年和尚英俊潇洒，年轻有为，乐于助人，便爱上了这位少年。两人相约私奔来到龙虎山，望见泸溪河烟波浩渺，鸟兽栖息，风景秀丽，世外仙境，安居在这里过着"日出而作日落而息"的桃园生活。由于少年和尚私奔被法僧找到，法僧对少年和尚狠狠教训几番，受了皮肉之苦。少女便背上和尚逃跑，张天师闻其真诚相爱，就依法成全他们，从此传为佳话。

丹霞地貌

丹霞字面意思是天上的彩霞，这里是地理学的重要名词，指红色砂岩经长期风化剥离和流水侵蚀，形成孤立的山峰和陡峭的奇岩怪石。

砂砾石层

砂砾石层是指由砂和砾石两种主要结构组成的岩层，它由河流流水的地质作用，将两岸的基岩及其上部覆盖的坡积、洪积物质，剥蚀后搬运、沉积在河谷坡较平缓地带而成。

地壳

地壳是指由岩石组成的固体外壳，是地球固体圈层的最外层，岩石圈的重要组成部分。上层为花岗岩层，也叫硅铝层；下层为玄武岩层，也叫硅镁层。

夫妻峰

玉 梳 石

龙虎山独秀峰

玉梳石景点坐落在龙虎山风景区泸溪河畔，靠近仙女岩，位于泸溪河中央，由红色砂砾岩石层构成。这块石头原来和禾斛岩在一起，经泸溪河水万年奔腾不息，河水慢慢冲刷禾斛岩基脚，雨水侵蚀形成山体底部悬空。泸溪河河水汹涌澎湃，在河水的作用下，大块山体坍塌，掉落在泸溪河中，露出部分山体，形成自然景观，龙虎山将此石称之为"玉梳石"。此石露出的形状像美女使用的一把梳子，分成四齿，惟妙惟肖地摆放在碧波荡漾的云雾之中。传说它是昆仑山上生长了800年的黄杨木精所变的御梳，乃天宫稀世之宝，每梳一次能使人年轻10岁，经常梳理能够使人去皱还童，属天宫稀世真宝。一天，宫女为皇后娘娘梳完头，皇母娘娘寝宿后，宫女悄悄拿出御梳，溜到御花园准备为自己梳理，享受唾手可得的御梳。由于心切、紧张，宫女慌忙中不小心将御梳掉落凡间，下凡寻找，从信江游到泸溪河，发现御梳已经镶嵌在龙虎山泸溪河畔。龙虎山景区称其为"玉梳梳不得"。

昆仑山

昆仑山又叫昆仑虚、昆仑丘或玉山。西起帕米尔高原东部，东到柴达木河上游谷地，高耸挺拔，峰峦起伏，林深古幽，景色秀丽。昆仑山是百神所在的地方。

天宫

盘古开天辟地就有了天宫，从此天地分开，天宫的入口就是南天门，穿越南天门，直达凌霄殿内，此殿为玉帝四时朝臣之地，也就是金銮殿。

御花园

御花园是紫禁城中四个花园之一，花园原为帝王后妃休息游赏的地方，但也有祭祀、颐养、藏书、读书等用途。园中奇石罗布，佳木葱茏，彩石路面，古朴别致。

玉梳石

仙 桃 石

　　龙虎山"仙桃石"景点坐落在风景区泸溪河畔,离"夫妻峰"800米,附近有神汉峰、雄狮回头等景点。仙桃石与仙女岩隔河相望,属丹霞地貌,由红色砂砾岩石层构成,发育于白垩纪时期,地质是在漫长的地壳运动过程中竞相崛起,此岩浆硬度强于周围砂砾岩石层,自然形成貌似仙桃的山峰。由于山峰腰间出现弯曲裂缝,在历次波涛汹涌的大洪水冲击下,山脚岩石大块山体坍塌,坠落堆积在泸溪河中,使得此峰状若一个大桃子被咬了一口,形象逼真。高约10米,上锐中丰下削,呈红色。夕阳下,顶尖微现红光,犹似熟透的山桃。传说天皇玉帝早朝,孙悟空从王母娘娘蟠桃会上偷得仙桃后,边吃边回花果山,飞经龙虎山时,一不小心,刚咬了一口的仙桃掉了下来,于是化成了山峰。这正是:"大圣醉别蟠桃宴,仙桃不意落人间"。此景被民间俗称"仙桃吃不得",它有奇特秀美的自然景观,有美丽动人的神奇传说,吸引着无数的游人墨客。

神汉峰

　　神汉峰在平旷的山地中突兀挺直,耸立如笋,高插云际,历史上曾称"碣石",又俗称"金枪峰"。它四面壁削,石背微隆,峰高挺拔。

雄狮回头

　　雄狮回头像一只回首静观的雄狮，在龙虎山有许多景点都与狮子有关，这只雄狮，从多个角度都能看到，非常逼真。

蟠桃会

　　中国古代神话传说中王母娘娘的蟠桃最为神奇，人吃了能成仙得道，长生不老。相传三月三日为西王母诞辰，当天西王母大开盛会，以蟠桃为主食，称为蟠桃会。

仙桃石

仙桃石

莲 花 峰

　　龙虎山莲花峰景点坐落在风景区泸溪河畔，处"仙桃石"山脚下山水之中。"莲花峰"是在"仙桃石"的溪涧流水、侵蚀的作用下，山体裂缝坍塌，坠落堆积在泸溪河上的，是大型巨石部分山体露出水面而自然形成的景观。从泸溪河水平面循望，其像一丛丛绽放的莲花，蔕上有节，节再生蔕。从"仙桃石"山峰向下瞭望，形状相似的花瓣朵朵盛开，无论春夏秋冬，无论刮风下雨，水中的莲花亭亭玉立，晶莹剔透，始终矗立在泸溪河畔。传说瑶池白莲花长得非常漂亮俏丽，芳香羞涩，衬托浓绿如碧的湖光山色，显得娇艳夺目。据说这朵莲花原本是瑶池的白莲仙女，她下凡与龙虎山的青年柳青婚配。过了九九八十一天，七仙女赶紧接莲

远眺莲花峰

花女回瑶池免于受灾，但是莲花心意已定，执意要跟定夫君过人间生活，继而违犯了天规。玉帝知道后，派太白金星下凡捉拿，莲花女誓死与夫君共存亡，她不肯回去，最后化成了石峰。

七仙女

七仙女是神话传说中玉皇大帝的7个女儿。传说中七仙女下凡，第七个女儿偶然遇见卖身葬父的青年董永，被打动而萌发爱慕之情，后来二人结为夫妻。

太白金星

太白金星就是金星，也就是启明星。太白金星是神话传说中的天神，经常奉玉皇大帝之命监察人间善恶，被称为西方巡使。在道教中，太白金星可谓是重要的神仙。

瑶池

瑶池是神话传说中王母娘娘居住的地方，位于昆仑山上。《山海经》中记载，瑶池不仅一处，还有其他地方。瑶池上方光彩夺目，下方池水平静如镜，瑶池之水成为天地之界。

莲花峰

丹　勺　石

　　丹勺石景点坐落在龙虎山风景区泸溪河畔，在"金枪峰"山脚临水处。在金钟峰壁上，有个巨大的洞穴，山洞出口酷似一把丹勺，所以得名"丹勺石"。丹勺石洞是经外力、风化、流水、潜蚀的作用，地下水沿红色砂砾岩层的裂隙流动，溶解岩层中可溶性矿物，将岩层物淘空。洞体不断扩大形成扁圆形勺体，细小的水滴继续下淌，溶蚀出尖形蚀沟，自然形成像勺子的手把，所以得名。西汉末年，龙虎山有个冬不衣、夏不浴、浑身长绿毛的"绿毛仙"，隐居在碧鲁洞，他用这把勺子炼丹，未成正果。东汉年间，道教天师张道陵，为寻修道宝地，远离尘境，独携弟子王长至云锦山（今龙虎山道教正一观），修炼九天神丹，一年有红光照室；二年五云覆鼎，夜不寝烛；三年丹成龙虎见，修炼金丹能治百病，炼丹用的就是这把勺子。从此，丹勺石就永远挂在泸溪河的丹霞绝壁上，看着滔滔的泸溪水在它面前日夜流向远方。此石被民间称为"丹勺用不得"。

金钟峰

　　金钟峰耸立在泸溪河畔，山体上小下大而且修长，外形极似一口巨钟。金钟峰四面陡峭，上山无路，不可攀登。

龙虎山天师府

碧鲁洞

　　碧鲁洞位于龙虎山张天师府第阳宅，也是张天师炼丹的地方。至今在龙虎山依然保留有炼丹的丹灶、濯鼎池、试剑石、西仙源、碧鲁洞、天师草堂等多处遗迹。

勺

　　勺是舀东西的用具，略作半球形，有柄。勺也是容量单位，10撮等于1勺，10勺等于1合。

丹勺石

试 剑 石

自然风光

　　试剑石景点坐落在仙人城仙岩与旱仙岩之间，属丹霞地貌，这两座山峰原来是一座合在一起的山，发育于白垩纪时期，由于地壳垂直上升使山体中间有了裂缝，砂砾岩石层经长年累月水流冲刷侵蚀的作用，内凹加深，断裂崩塌，形成悬崖峭壁。此峰状若被一把刀劈成两半。传说祖天师来云锦山炼丹，三年丹成龙虎见，招引来帝王将相，还有妖魔鬼怪。为了镇妖压邪，传说张天师初来龙虎山炼丹，土地爷不买账，指着一座山峰说："这是我的土地，岂能容你落脚？如果你的剑能把这山劈开，就让你留下。"张天师画符咒语，作法祭祀，拔剑在仙岩石试剑，没想到道法通天，刀光剑影，竟把这座山劈开，吓得牛鬼蛇神惊魂落魄地跑到天边去了，从此这座山分成两半，龙虎山景区将试剑石称作"剑石试不得"。这一劈竟形成两半差距高160余米，宽20米左右，长200米的嶂谷，又名"一线天"。

土地爷

土地爷为道教中掌管一方土地的神仙，地位最低，又称土地、土地神、土地公公。形象大都衣着朴实，平易近人，慈祥可亲，多为须发全白的老者。从明代起，对土地神特别崇尚。

旱仙岩

旱仙岩与水仙岩相对，还有神仙洞府、人间仙境之誉。旱仙岩之奇在山洞，形成洞穿洞、洞套洞，上下多层，洞穴累累，散落于高崖绝壁之上。

牛鬼蛇神

牛鬼蛇神用来比喻社会上无恶不作的坏人。牛头的鬼，蛇身的神。牛鬼蛇神原为佛教用语，说的是阴间鬼卒、神人等，后成为固定成语，形容一切恶势力。

神 鼓 石

　　龙虎山神鼓石景点坐落在风景区泸溪河畔，在无蚊村对岸河中，因泸溪河水在这里转了一个弯，湍急的水流形成旋流，天长日久将平缓的孤峰冲刷得浑圆，形状貌似独特的蘑菇，矗立在湖光山色中，所以龙虎山景区称此处为"蘑菇石"，民间又称"神鼓石"。传说"神鼓石"原来在天目山，每当刮风下雨，雷电闪鸣，石鼓震聋溢耳，弄得四方不得安宁，所以称"石鼓敲不得"。传说石鼓原来是葛仙寺的神鼓，这面鼓一年敲一响，鬼怪发抖；一年敲二响，五谷丰登；一年敲三响，六畜兴旺。后来有一个和尚不懂寺规，连敲十响，惊动了天庭，玉帝降旨将鼓封存，神鼓不服处分，便从鼓架上滚到了龙虎山下。此鼓惊动天庭玉帝，御旨天师妥善安置。石鼓迎神驱魔，造福百姓，天师置石鼓于过仪门的北边，与南边铜钟相对应，可以"壮宫观的威仪，弘山陵的气象"，成为祥和锐利的法器。

天目山

　　天目的名称始于汉，有东西两峰，顶上各有一池，长年不枯，就像双眸仰望苍穹，因此得名，有"大树华盖闻九州"的美誉。天目山成为全世界的一大奇迹。

葛仙寺

相传晋代著名炼丹家葛洪曾在此处炼丹，并留下一个脚印，葛仙寺因此得名。该寺始建于北宋初年，此寺依山傍水，清幽宜人，是个修行的好地方。

六畜

《三字经》中有"此六畜，人所饲"，在古代，我们的祖先就对猪、牛、羊、马、鸡、狗进行驯化饲养。六畜都有自己的本领、长处，为人类做出了极大的贡献。

天师府内一景

神鼓石

55

道 堂 石

龙虎山"道堂坐不得"景点坐落在风景区无蚊村附近，这座山石高60米，临水的一面由于河水的冲刷，形成了一个巨大的水平洞穴，形状像道教宫观中的道堂，是泸溪河又一大美景。这里峰峦郁峻，溪谷深寒。因其下临深渊，水流湍急，漩涡翻滚，所以称为"道堂坐不得"。《龙虎山志》中记载过，山中有鬼谷洞，幽暗深邃，有石洞，洞门狭小。洞中有石灶、石床等。道堂即道观。据传此山为一只三脚龟所变。张天师要在此建玄武观，三脚龟不肯，暗中与张天师斗法。正当道观建成，三脚龟将头一伸，道堂突然倾塌，张天师十分恼火，拔出宝剑，镇住龟头不让

鹰潭

缩回，这就成了如今险恶幽深的岩洞。由于地势不平，道观也就不再做了。这里山怪、岩奇、水急，平时无风三尺浪，风雨浪滔天。岩底幽深莫测，急流倾斜。据说从这里倒下砻糠谷壳，会从鹰潭龙头山涌出，可见暗流直通20千米外的鹰潭。

道观

　　道观即道教的宫观，是道士修炼的地方。道教的基本信仰是道，天地万物都是由它化成的，修道的方法有很多，场所需要安静，不受外界干扰。

鬼谷洞

　　春秋时的鬼谷子曾经到龙虎山采药，吃药后成仙，居住在鬼谷。鬼谷洞洞顶钟乳石变幻着千姿百态的造型。水珠沿着倒垂的石笋滴滴落地，叮咚有声，如入仙境。

玄武观

　　玄武观殿宇宏丽，林木苍郁，环境优美，千百年来，曾吸引过无数文人学士、墨客骚人至此观赏游览，而且许多人都在这里留下作品。

道堂石

云 锦 石

　　龙虎山"云锦石"是龙虎山独特的景观之一，该景点位于风景区泸溪河畔。在正一道祖庭正一观约500米处，乘坐上清竹筏，幽幽游荡在泸溪河上，便来到云锦峰前。此峰色彩鲜艳，形状就像一面五彩斑斓的云锦，故被称为"云锦披不得"。这座山峰雄伟壮观，它发育于白垩纪时期，经过上亿年的变化，地壳不断上升，垂直山体的缝隙逐渐加宽，根基砂砾岩石层长期受水流冲刷侵蚀的作用，逐渐悬空。在水的重力作用下，临水一侧崩塌，形成现在的悬崖峭壁。上接青天，下连碧水，红紫斑斓，光彩夺目，就像一块巨型石毯高矗耸立，它是典型的丹霞地貌。传说天宫有一位仙女白莲花来到龙虎山，遇上了一位英俊的樵夫，二人一见钟情，在此结婚生子，过着甜美的日子。七仙女个个国色天香，七仙女为白莲花忠贞的爱情所感动。后来玉帝急召七仙女回天宫，为了表达七仙女的祝福，在回天宫瑶池前，七仙女将她们亲手绣织的云锦丝绸赠送给白莲花，至此，龙虎山就留下了这件珍贵的绣织品。

正一道

　　正一道是道教的宗派，是以《正一经》为主要经典。正一道的主要法术是画符念咒、祈禳斋醮，为人驱鬼降妖，祈福禳灾。道士可以不住宫观，可以娶妻生子，戒律也不很严格。

人文景观

祖庭

　　祖庭是佛教用语，指开创各大宗派的祖师（即初祖）所居住、弘法布道的寺院；也指祖屋，就是家族的老宅院。佛教、道教都有祖庭。

上清

　　"上清"的名称出自道教，是道教最高尊神"三清"、"四御"中的"灵宝天尊"所居住的上清仙境；上清也指天空、上天。

云锦石

上清古镇

　　上清古镇是赣、闽、浙三省的商贸集散地，是一个具有千年历史的古镇，有源远流长的道教文化。上清古镇位于上清宫景区内，距鹰潭市区25千米。上清古镇占地面积50余平方千米，约两万人口，自然环境优美，群山环抱，依水而建，相传这里为九龙聚会之宝地。这九条龙是指附近的九条山脉：天门山、台山、乌剑山、狮子山、冲天峰、应天山、西华山、乌龟山和圣井山。至今，古镇民风淳朴，古韵悠长，名胜古迹比比皆是。长约两千米的上清古街将长庆坊、留侯家庙、天师府、留侯第、天源德药栈、天主教堂等景点串成一线，形成极具魅力的旅游线路。沿河

天师祖庙留侯家庙

的吊脚楼、码头商埠都显现出江南水乡的建筑特色。浣纱村妇、捣衣少女、戏水孩童、渔舟系岸、白鸭浮水又形成了一条韵味十足的古镇风景线，让人赏心悦目。我们既可以观赏到古色古香的明清古建筑，又可以领略古镇淳朴浓郁的古风，而且还可以吃到美味的上清豆腐。这条古街虽未经过专家设计，但一切都那么自然，无形中有一种自然之美。自古以来，这里人杰地灵，英才辈出，商贾云集。

留侯家庙

留侯就是辅佐汉高祖刘邦平定天下、建立西汉政权的军师张良。原名"真懿观"，后改为留侯家庙，建筑布局分为头门、二门、三门、中门、上殿等5个层次。

上清古街

上清古街沿着泸溪河而建，东西走向，横贯全镇。沿街两边的店铺都是砖木结构，一律坐北朝南，排列整齐，但细看却不在一条直线上，当地人称之为"兜财屋"。

吊脚楼

上清古镇的吊脚楼一半着陆，一半悬空于泸溪河上，正屋建在实地上，厢房除一边靠在实地上并和正房相连，其余三边皆悬空，靠柱子支撑，因此称为吊脚楼。

天　师　府

天师府

　　天师府于宋朝建立，位于贵溪上清镇。天师府全称"嗣汉天师府"，亦称"大真人府"。它是历代天师掌管天下道教事物的总署及张天师生活起居的地方。天师府依山带水，气势雄伟，占地3万多平方米，建筑恢弘，尚存古建筑6000余平方米。天师府坐北朝南，临江耸立，巍峨高大，气派非凡，在保持明清建筑的基础上，以府门、二门、私第为中轴线，修建了玉皇殿、天师殿、玄坛殿、法局和提举署、灵芝园等建筑，把宫观与王府建筑合为一体。天师府规模宏大，雄伟壮观，建筑华丽，工艺精致，是一处王府式样的建筑，也是我国现存封建社会"大府第"之一。天师府全部雕花镂刻，米红细漆，古色古香，一派仙气，被历史上许多皇帝赐号"宰相家"、"天真人府"，尊为道教祖庭。院内豫樟成林，古木参天，浓荫散绿，环境清幽，昔有"仙都"、"南国第一家"之称。天师府的建筑布局成"八卦"形，是道教独有的建筑风格。这里文物古迹众多，具有研究中国道教的价值，也是我国古代文化的珍贵遗产之一。

二门

二门建于清同治四年（1865年），面阔三间，进深三间，东西耳房各一间，红墙绿瓦，脊兽腾飞。门上画有秦琼、尉迟恭、杨林、罗成、程咬金、单雄信六尊像作为三对门神。

私第

私第在这里指历代天师的住宅，名"三省堂"，是江南院落式，是天师府的主体，分前、后、中三厅和东西廊房，雕梁画栋，金碧辉煌。

灵芝园

灵芝园是一个小院，是天师府内室散步的地方，种有奇花异草，金桂银桂，四季飘香。两侧有狭小厢房，原供丫环家仆住宿，现用做图画资料展室。

正 一 观

正一观是天师道的祖庙，后成为正一道祖庭的象征。在江西省鹰潭市贵溪县境内的龙虎山张道陵炼丹处。该观正殿五间，祀奉张道陵、王长和赵升三人，左右两庑各三间，正门三间，正殿后玉皇殿五间，东西建钟鼓楼。鲁迅先生说得好："中国的根底全在道教。"而中国道教的发祥地就在龙虎山麓的正一观原址。桑海沧田，"天师庙"也几经修葺，名称也多次更改，正一观最早的名称叫"祖天师庙"，是第四代天师张盛自四川回龙虎山"永宣祖教"，为祭祀祖天师而建的庙宇，宋代时改称"演法观"，明嘉靖时改为"正一观"，一直沿用至今。现在的"正一观"是在原址按宋代建筑风格重建，并吸收了明、清时的一些合理建制和艺术特点，坐东朝西，南北对称，主要包括七星池、正门、仪门、钟鼓楼、元坛殿、从祀殿、祖师殿、玉皇楼、丹房、红门、廊庑以及生活用房等。整个建筑群灰瓦白墙，古朴典雅，气势雄伟，仙骨傲然。

祖师殿

祖师殿是正一观正殿，宋式仿木结构，灰瓦、红柱、白墙，庄重典雅。花岗岩浮雕落于殿前，做工精致考究。祖天师像高6.5米，坐于须弥座上。

正一观

七星池

在正一观甬道两侧，散布七个水池，名为七星池。北边四口是斗杓，东边三口是斗柄，水明如镜，形如斗杓。北斗七星是古人星宿崇拜的对象之一，祈求四季平安、风调雨顺。

玉皇楼

玉皇就是玉皇大帝，玉皇楼是宋式仿木结构，上下两层。一层共有三间，第一层中厅正中祀玉皇大帝，金童玉女分侍左右。第二层供奉的是西王母和她的侍女。

象山书院

岳麓书院

象山书院位于江西省贵溪市，亦名"象山精舍"，为南宋四大书院之一。其创始人为陆九渊，世人称其为"象山先生"，其学说被后人称为"陆王心学"。因此，象山书院是中国哲学"心学"起源地。该书院首创于南宋谆熙十四年（1187年），当时称作"象山精舍"。贵溪应天山陵高而谷邃，林茂而泉清，陆九渊被这里的景色所陶醉，于是在此建造屋舍，学生也悄悄结庐其旁。从此四方学者云集于此。先生以山形如象，将应天山改名象山，先生也自号象山。象山书

院几经风霜，几经迁徙，直至清同治年间迁至县城东重建书院，又因战祸，荡然无存。现在从龙虎山附近的青山绿树中，远远望见一块残留的石碑，上书"象山书院"。为了醒目，石碑上涂了红漆，显然与当初结庐而居的面貌相去甚远。没有书院的书院，只能凭象山所说的顿悟，在昔日的遗址上，用心去想象、去触摸。然而，它的影响始终存在，它为贵溪乃至相邻各县的文化发展、培养人才做出了突出贡献。

陆王心学

陆就是陆九渊，王就是明代的王阳明。把心作为宇宙万物的本原，认为天地万物都在心中，提出心就是理的主张。另外，主张"心外无物"、"致良知"、"知行合一"。

南宋四大书院

书院，始见于唐代、宋代的地方教育组织，是私人或官府所设的聚徒讲授、研究学问的场所。南宋四大书院是丽泽书院、象山书院、岳麓书院、白鹿洞书院。

同治

同治是清穆宗爱新觉罗·载淳的年号，母亲叶赫那拉氏，即慈禧太后。1861年，咸丰帝去世，9岁的载淳即位，同治帝在位14年，受制于慈禧太后。在位时出现了"同治中兴"。

上 清 宫

　　上清宫位于江西省鹰潭市南贵溪县境内嗣汉天师府东面约1千米处，坐北朝南，宫殿背北靠西华山，南朝琵琶峰。三面环山一面临水，寂静的泸溪河畔孕育着道观仙神，素有"仙灵都会"和"百神受职之所"之誉，是历代天师宗教活动的场所，是道教文化积淀十分深厚的地方。上清宫始建于东汉，原为张道陵的草堂，后称天师草堂。宋、元、明、清均作过修葺和扩建，后来康熙赐御书"大上清宫"匾额(简称上清宫)。据有关资料查考，上清宫塑有天神地祇、南星北斗、三十六天将、二十八星宿、六十甲子等神像数百尊，整个建筑布局呈八卦形，重檐丹槛，彤壁朱扉，显示出道教宫观建筑的独特风格。宫殿殿阁巍峨，殿、阁、楼、院遍布山间。在上清宫的鼎盛时期，香烟缭绕，清歌阵阵；四方高道云集，善男信女如流。私第建筑尤为豪华，雕梁画栋，金碧辉煌，院内豫樟成林，古树参天，绿树红墙，交相辉映，宫内还有伏魔殿的镇妖井、古钟、古碑等众多文物。上清宫被誉为"中国道教第一宫"。

康熙

　　康熙取万民康宁、天下熙盛的意思。康熙即爱新觉罗·玄烨，8岁登基，登基后智斗鳌拜，在位61年。康熙平定了三藩，遏制了沙俄，还亲征新疆、准噶尔。

上清宫

六十甲子

　　以天干和地支按顺序相配，即甲、乙、丙、丁、戊、己、庚、辛、壬、癸与子、丑、寅、卯、辰、巳、午、未、申、酉、戌、亥相组合，从甲子起到癸亥止，满六十，称为六十甲子。这里指道家信奉的六十个星宿神。

镇妖井

　　镇妖井位于伏魔殿中央。传说张天师创立五斗米道时，将巫教势力的八部鬼帅、六大魔王收降，关入在这座井中，并且每代天师都要在井盖上贴封条，以防妖魔逃脱。

上清宫

仙 人 城

　　仙人城素称仙岩，它是龙虎山的一个重要景区，东邻泸溪河，石壁陡峭，下临深渊，上嵌碧空；南临"一线天"，绝壁悬崖，深不可测；北面峭绝如削，人迹罕至；整座山峰拔地而起，犹如一柱擎天。在攀登仙人城前，位于景区入口处有一仙井，因山而得名，故称仙人井。山顶半腰上入口有门亭"仙凤门"。过了仙凤门，龙虎山风景区特建一座观景台，可俯瞰幅员辽阔的龙虎山，也可观赏龙虎山全景。经过三道山门，攀780级台阶即上山顶，山上洞穴中通。远远望去，四面陡峭，茂林修竹，云蒸霞蔚，仙气缥缈。此山之所以叫仙人城，是因为

龙虎山栈道

它是仙人居住的地方。仙人城是天师道徒信众奉道、弘道、修道的天然场所，人间仙境。沿途有仙水井、仙姑庵、仙凤桥、清浊水池、龙化池、兜率宫等十多个景点。仙人城素有"神仙洞府"之美誉。仙人城幽深静僻的自然风光和如诗如画的仙境福地，吸引着四方道教信徒们，是自然风光和人文内涵交相辉映的佳景。

清浊水池

清浊水池位于清水桥下，即清水池和浊水池，桥的左边是清水池，桥的右边是浊水池。水无来源，没有去向，大汛不溢，久旱不枯，现象非常奇特。

仙姑庵

仙姑庵原名"仙岩上寺"，原属佛教僧寺，后尼姑上山改为仙姑庵，庵堂随缘洞而建，由尼姑主持说教。庵内有多洞相连，形成洞穿洞、洞套洞，上下多层的结构。

仙凤桥

仙凤桥位于仙姑庵东约50米处，有一花岗岩结构的拱桥，桥长约40米，宽约5米。仙凤桥犹如一道彩虹，屹立在天际，由下往上瞭望，形成天然"一线天"。

无 蚊 村

　　无蚊村位于泸溪河东岸仙水岩景区的许家村，共有50多户人家200余人，据载为许真君的后裔。历来靠打鱼、种田为生，村中人多长寿，所以又有长寿村之称。丹崖古树是它的屏障，清澈见底的泸溪河是世代村民的母亲河。由于村子一年四季没有蚊子，因此被称为"无蚊村"。该村依山傍水，峰峦秀丽，村内树木葱茏，翠竹满坡，村前碧波荡漾，溪水曲折，生态环境极好，这里冬暖夏凉、气候温和，是理想的避暑纳凉胜地。山、谷、溪、瀑、古树，一切皆为原生状态。该村为何没有蚊子，至今仍是个谜。一种说法是该村地理位置特殊，三面环山，一面临水；一种说法是说该村周围种满了樟树，有驱蚊功能；还有一种说法，距村庄不远处有一山洞，洞内有成千上万只蝙蝠，一到夜晚便进村捕食蚊虫；但更多的人相信这里流传的"张天师驱蚊孝母"的传说。这里著名的景点有福石龟、许氏门楼、民俗馆、长在一起的大树（一棵是樟树，一棵是竹柏），"无蚊村"成为远近闻名的第一奇村。

张天师驱蚊孝母

　　三十代天师张继先陪伴母亲来许家村游玩，时值盛夏，张母被蚊子叮咬，责怪儿子无能。天师忙口念咒语，宝扇一挥，蚊子就逃出山窝。从此，村里再也没有蚊子。

龙虎山风光

福石龟

  无蚊村村口伫立着一块酷似乌龟的巨石，名曰福石龟。据说以前村子遇洪水被淹，村民请张天师来帮忙，张天师派来了一只神龟，神龟把村子驮在背上，村子从此再也没被淹过。

樟树

  樟树又叫香樟，属于常绿乔木，树龄成百上千年，可称为参天古木。根、木材、枝、叶都可提取樟脑、樟脑油，可用于医药、塑料、炸药、防腐、杀虫等方面。

无蚊村

兜 率 宫

龙
虎
山

　　兜率宫是龙虎山道教宫观之一，坐落于仙岩极顶之上，山顶宽敞平坦，它坐西朝东，五进而起，九根大柱支撑屋面，象征九五之尊的帝王宫殿。兜率宫占地670平方米，高19米，彤壁朱扉，重檐丹楹，上覆灰色琉璃瓦，四周为花岗岩护栏，甚是庄严，宛如仙宫。站在"兜率宫"山巅，遥望广袤山川，俯瞰龙虎

龙虎山中的建筑

山名胜古迹，仿佛置身于世外桃源。魏晋时，第四代天师张盛在这里修建庙宇，并在仙岩之顶修建"兜率宫"，塑老子神像，诵老子的《道德经》。正殿正中供奉集道、神、人三位一体的神灵"太上老君"，即道教教主老子像，像高12.3米。神像前立有法坛，配有香烛、法器等，并放有供品，方便善男善女们朝拜。唐朝时道教贵为皇族宗教，空前繁荣。

道教信仰太上老君为至尊天神，认为他是天地万物的创造者、宇宙的主宰者。从此，这里就成为历代天师和道徒信众奉道、弘道、修道的天然场所，也是祭祀、朝拜教主老子的宫观，还是天师研读诗文、以道会友的处所。

兜率

兜率出自佛经，天名（界名），意思就是妙足、知足、喜足等。率在这里读"率领"的"率"。天分许多层，第四层叫兜率天。

九五之尊

中国古代把马背上的皇帝，称为九五之尊，有耀武扬威的含义。"九"、"五"两数，有着至高无上的象征意义，在皇室建筑、生活器具等方面都有所反映。

《道德经》

《道德经》，作者老子，是道教的主要经典之一，提出了无为而治的主张。《道德经》不仅在我国哲学上占有重要地位，而且在国际上影响比较深远，被翻译成许多外国文字。

兜率宫

玉 龙 宫

　　玉龙宫是大道乾坤的亮点之一，大道乾坤景区位于龙虎山镇206国道旁金枪峰下，环抱十分塘水库。这里山水相依，青山绿水间景色秀丽，入口广场的白墙青瓦建筑富有创意。玉龙宫构造宛如神话中的龙王宫殿。沿着装饰太极图案的水下隧道来到玉龙宫，一座巨型玉龙在五彩灯光照耀下十分威武，周围是龙生九子。相传龙生有九子，样貌各有不同，形象逼真，技艺精湛，且各有所好。囚牛是龙生九子中的老大，平生爱好音乐。老二睚眦，好斗喜杀。老三嘲风平生好险，如今殿角走兽是其形象，老九貔貅又名天禄，是中国古代神话传说的一种神兽。传说貔貅触犯天条，玉帝罚它只以四面八方之财为食，吞吐万物而不泄。现在很多人喜欢貔貅的制品，原因是貔貅专吞金银，肚大无肛，招财进宝，只进不出。龙之九子均用玉精雕而成，惟妙惟肖，栩栩如生，加上动人的传说，让游人流连忘返。

十分塘水库

　　因为当时水库周围居住的李、张、杨、毛、舒、王、曾、朱、陈、毕十个姓氏的小村落村民，都以此作为自己的水源，所以取名"十分塘"水库。

龙王

龙王是神话传说中在水里的首领，能呼风唤雨鸣雷闪电，变化多端，无所不能。龙王能预见未来，并且象征着地位、富裕与吉祥。

太极图

太极图是研究周易学原理的重要图像。宇宙有无限大，所以称为太极。图中的一条曲线将它分为两半，形成黑白各一半，白者像阳，黑者像阴，白中有一个黑点，黑中有一个白点。

龙虎山人文景观

玉龙宫

钟 鼓 楼

正一观内的建筑

　　钟鼓楼是钟楼和鼓楼的合称，是较大的宫观、庙宇所必具的建筑，是正一观的景点之一。从仪门两侧进入，便是钟鼓楼。钟鼓楼建设得特别威风和漂亮，里面的钟鼓具有传奇的经历。钟鼓是庙宇中用于报时的工具，有诗"朝钟暮鼓不到耳，明月孤云长挂情"。由此"暮鼓晨钟"也就成为规模宏大的庙宇的象征。东边的是钟楼，而道观内的钟，还被认为是具有怡神除魔双重作用的法器。每天早晨斋课时撞响16声，以应12律及4宫清声。钟楼内悬挂的铜钟重达两吨多，钟口饰有先天八卦阴阳爻，中间铭文为"风调雨顺"、"国泰民安"、"紫气东来"等。西边的是鼓

楼，鼓是道教的法物、法器，每天也敲响16声，以应12律及4宫清声。这个鼓面直径为1.39米，高0.81米，它具有通神驱魔的神力。在日常道事活动中，主要用来报时和召集道众。钟楼鼓楼两相呼应，晨钟暮鼓，为佛道两教圣地所共有，充满着浓郁的诗情画意！千百年来，令多少人为之神往，为之迷恋。

仪门

正一观正门内设有仪门，门面上绘有道教护法真君，左边的是青龙神叫孟章君，右边的是白虎神叫监名君。这两扇绘有门神的门一般不开，只有帝王及道教领袖莅临才开。

12律

12律是古代乐律学的名词，就是12调。律，本来是用来定音的竹管，中国古人用12个不同长度的律管，吹出12个高度不同的标准音，以确定乐音的高低，这就叫12律。

佛教

佛教于公元前6世纪由古印度的乔达摩·悉达多所创，又称释迦牟尼。佛教认为人生有生、老、病、死等多种苦，要消灭人生的苦难烦恼，超越生死轮回，就可以进入极乐世界。

钟鼓楼

东　隐　院

　　东隐院是上清宫内唯一保留的明清时期的建筑，是上清宫东面八所道院之一。建于南宋时期，元世祖忽必烈对该院道士张留孙特别重视，对东隐院倍加修缮，因而名气大震，以后历代多次修缮。现在保留的建筑有门屋一间，正厅三间，左右丹房各四间，后厅三间，左右耳房各一间。以前曾是大小清宫高级道教教职人员的住所，现在经过整修，把它布置成清朝雍正、乾隆年间在上清宫提点司娄近垣的住所。东隐院的建筑采用民间建筑式样。前面为院门，门内有吉祥照壁。民间认为，照壁具有藏风聚气、避凶祛邪的作用。这座照壁背面有"寿山福海"吉祥图一幅，图案由岩石、蝙蝠、灵芝等吉祥物构成。岩石比喻长寿，"蝠"与"福"同音。寿山福海象征福寿双全、吉祥无边的意思。门上的对联表达了这个意思，照壁对联也是表达这个意思。里面是院落式结构，分前厅和后厅，用天井相连。前厅是娄近垣道士的字画陈列室，这里收集了娄近垣道士的字画和雍正、乾隆皇帝赐赏的诗联。

元世祖

　　元世祖就是忽必烈，铁木真的孙子，拖雷的第四个儿子，1271年建立元朝，庙号世祖。他征战一生，统一天下。1276年灭掉南宋，1279年实现全国统一。

东隐院

清朝

　　1616年，女真族首领努尔哈赤建立后金。1636年，皇太极改国号为清。1644年，清军进入山海关，后清朝定都北京。1912年2月12日，清宣统帝退位，清朝灭亡。

雍正

　　雍正即爱新觉罗·胤禛，康熙帝爱新觉罗·玄烨的第四个儿子，1722年即位，锐意改革，发展农业生产，勤于政事，励精图治。1735年驾崩。

悬 棺 墓

龙虎山人

悬棺遗址位于仙水岩一带。临水悬崖绝壁上布满了各式各样的岩洞，里面有100多座2500多年前春秋战国古越人的岩墓悬棺，其葬位高度为20～50米。在大片岩壁上，洞穴星罗棋布，从泸溪河舟中或地面眺望，可隐约望见洞口或钉木桩，或封木板，"藏一棺而暴其半者"多处可见。百米悬崖绝壁之上的洞穴中棺木是用什么办法放置进去的？古越族人为何要将先人安放洞穴之中？什么人才能享受此种殊荣？成为千古之谜，至今未能破解。龙虎山崖墓数以百计，全部镶嵌在悬崖峭壁之上，整个崖墓群如一幅巨大画卷紧密相连在一起，极具神话色彩。龙虎山崖墓群是中国最早的崖墓群，是中国崖墓的发源地。绝壁之上，玉棺悬空，神秘莫测，被称为世界文化史上的一大奇观。1978年11月，江西省博物馆进行考古发掘，共清理了18座墓葬，出土古文物235件，其中最珍贵的是十三弦琴和斜织机。这为我国古代音乐史和纺织史的研究提供了极为宝贵的实物史料。

古越人

据说古越人是由我国南方大大小小的民族部落共同组成，这些部落大多具有某些共同的文化特征，因而被今人统称为古越人。广西人和广东人很可能是他们的后裔。

春秋

　　"春秋"因鲁国的编年史《春秋》得名，始于公元前770年周平王东迁洛邑，到公元前476年田氏代齐。这一时期诸侯间互相征战，出现春秋五霸。

战国

　　战国是由于各诸侯国连年发生战争而得名，从公元前475年至公元前221年，秦始皇灭六国统一中国。这一时期，诸侯连年征战出现战国七雄：齐、楚、燕、韩、赵、魏、秦。

龙虎山悬棺

悬棺墓

张天师与龙虎山

第一代天师即张道陵，东汉沛国丰邑人（今江苏丰县），本名陵，字辅汉。道书记载：张道陵为汉留侯子房八世玄孙。东汉光武帝建武十年（34年）正月十五夜所生，7岁读老子《道》、《德》二篇，就能明白书中之意。为太学书生，通晓天文、地理、诸子、五经。东汉和帝永元初年，张道陵为寻修道宝地，独携弟子到云锦山，在山上炼"九天神丹"，三年"丹成龙虎见，山因以名"。从汉末第四代天师张盛始，历代天师都居在此，守龙虎山寻仙觅术，坐上清宫演教布化，居天师府修身养性，世袭道统63代，奕世沿守1800余年，他们都得到历代封建王朝的崇奉和册封，官至一品，位极人臣，形成中国文化史上传承世袭"南张北孔（夫子）"两大世家。上清宫和嗣汉天师府得到历代王朝无数次的赐银，进行了无数次的扩建和维修，宫府的建筑面积、规模、布局、数量、规格创

张天师

道教建筑史之最。龙虎山在鼎盛时期，建有道观80余座，道院36座，道宫数个，是名副其实的"道都"。

光武帝

公元25年，刘秀称帝，即光武帝。为表重兴汉室之意，刘秀建国仍然使用"汉"，史称东汉。刘秀击灭绿林，不断征战，统一全国，统治时出现了"光武中兴"。

太学

太学是古代中国的最高学府，是中央官办的大学。汉武帝采纳董仲舒的建议，在长安开创太学，主要讲授儒家经典《诗》、《书》、《礼》、《易》、《春秋》。

诸子

诸，多的意思；子，是当时对人的尊称。诸子就是春秋战国时期的各个学派的代表和著作，有儒、道、阴阳、法、名、墨、纵横、农、杂、小说共10家。

端午节的由来

端午节的时间为每年农历五月初五，它又称端阳节、午日节、五月节等。端午节有吃粽子，赛龙舟，挂菖蒲、蒿草、艾叶，喝雄黄酒的习俗。端午节为国家法定节假日，并列入世界非物质文化遗产名录。端午节始于春秋战国，由来说法很多，其中以纪念屈原为主。传说屈原于五月初五自投汨罗江，为蛟龙所困，世人哀之，于此日投五色丝粽子于水中，以驱蛟龙，赛龙舟解救屈原。龙虎山有许多传说，影响最深的是张天师"降魔五万五"。"端午"，端是开始的意思，午是五的顺号，五、午相通，所以端午本作"端五"解。传说"端五"这天，龙虎山恶魔太多，太上老君指派张天师坐镇龙虎山。张天师便骑着用艾叶扎成的神虎，手执菖蒲变成的宝剑降伏群魔，人们把这一天定为端午"恶日"降魔。从此，每逢端午节，每家都照样搞些菖蒲和陈艾挂在门口，好镇邪降魔，消灭灾害。人们还编了"五月五日午，天师骑艾虎，手提菖蒲剑，降魔五万五"的歌谣，传唱至今。

世界非物质文化遗产

世界非物质文化遗产主要是指口头传说和表现形式，表演艺术，社会实践、礼仪、节庆活动，有关自然界和宇宙的知识和实践，传统手工艺。

竹筏

赛龙舟

　　赛龙舟就是划船比赛，是端午节的主要习俗之一。传说屈原死后，楚国人争相划船去救他。赛龙舟是中国民间传统水上体育娱乐项目，流传多年，多在喜庆节日举行。

屈原

　　屈原，战国时期楚国贵族，楚襄王时被流放。听到楚国灭亡的消息，屈原感到绝望，跳汨罗江自杀。他不仅是政治家，还是伟大的爱国诗人，代表作有《离骚》等，是世界文化名人之一。

道教文化

龙虎山自古以"神仙都所"、"人间福地"而闻名天下，是我国道教的发源地和历史悠久的道教名山，被称为世界道教的屋脊。第一代天师张道陵，他提倡道徒研读老子的《道德经》，被史学界和宗教界公认为道教创建人。遍访名山大川，最后选择了龙虎山炼丹，"丹成龙虎见"，龙虎山自然而然成为道教发源地。道源教宗、天师祖庭是龙虎山作为无形的山，耸立在人们心中的人文丰碑。

此后，龙虎山由于历代张天师在这里传道，并成为海内外道教徒神往的地方。天师府是历代天师生活起居之所和祀神之处，光耀道教的祖庭。天师府内有道源教宗碑刻，就建在龙虎山脚下。正一观是寻觅道教的踪迹，元代铜钟是正一教主第四十代天师张嗣德等人在杭州铸造的，大钟以悠久的历史、灿烂的道教文化驰

道教圣地

名中外。上清宫曾经是我国规模最大、历史最悠久的古老道宫之一，也是历代天师祀奉太上老君和朝会之所。这里的一山一水、一草一木都深深地刻进了道家千秋人文的痕迹。

元朝

元朝（1271—1368）是中国历史上第一个由少数民族建立的大一统帝国，1206年铁木真建立蒙古汗国，1260年忽必烈即位大汗并建元"中统"，1271年忽必烈取《易经》"大哉乾元"之意改国号为元。

人文丰碑

丰碑指刻有丰功伟绩的石碑，人文指人类文化中的先进部分和核心部分，即先进的价值观和规范。人文丰碑比喻不朽的杰作，有永久价值的证物或著名的事例。

张嗣德

正一派是道教后期的两大派系之一，首领为正一教主，张嗣德是第四十代天师。元顺帝时期，授太乙明教大真人，掌管三山道教事。张嗣德性情宽厚，喜欢绘画，善文好诗。

道教文化旅游节

　　龙虎山作为道教祖庭和发源地，有着深厚的道教文化底蕴和系统的道教文化传承，被誉为"中国道教第一山"，是"世界道教文化的屋脊"。龙虎山道教文化旅游节是鹰潭市旅游资源、文化资源展示的重要舞台，更是全国乃至世界了解鹰潭的重要窗口，从1990—2009年已成功举办了11届。每一届，鹰潭市委、市政府都非常重视，加强领导，整合资源，突出主题，以旅游和文化为载体，通过举办旅游交流、道教文化研讨、经贸洽谈、文艺演出等活动，体验道教文化的博大精深，充分展示鹰潭自然资源、文化资源，促进旅游品牌的培育，以达到发展旅游产业、推动区域经济发展的目的。龙虎山道教文化旅游节有力地促进了鹰潭大旅游业的超常发展。每一届旅游节，规模都比较宏大，亮点纷呈，演出形式多样，展示了龙虎山美丽景色。旅游节规格也较高，影响深远。龙虎山道教文化旅游节搭建起了一座旅游交流合作的平台，为所有参加旅游节的企业开展了全方位、高层次、多形式的合作。

鹰潭市

　　鹰潭市地理位置优越，因"涟漪旋其中，雄鹰舞其上"而得名，地势南北高，中间低，是我国正一派道教发祥地，鹰潭还是国内罕见的古越族文化宝库。

自然资源

自然资源指天然存在的自然物，如土地、水体、动植物、矿产、光资源、热资源等，是人类生存和发展的物质基础和社会物质财富的源泉。

文化资源

文化资源主要是精神方面的，凡是与文化活动有关的都可以称文化资源，是人们从事文化活动必须的前提。在一定程度上能够反映本地区的经济发展水平。

龙虎山御赐牌匾

道教文化旅游节

户外嘉年华帐篷节

为加快龙虎山旅游业的发展，做大龙虎山景区旅游业。通过活动提升景区的知名度和旅游形象，发掘龙虎山更多户外资源，将龙虎山打造成为户外旅游爱好者的乐园，从2006年起，每年都举办帐篷节。帐篷节以户外休闲为主题，全力打造龙虎山的"全新休闲性旅游"项目，进一步宣传龙虎山，树立龙虎山旅游品牌新形象。帐篷节是以户外自助游、驴友为主要参与对象，通过自带帐篷等露营装备，在适合露营时节，通过户外门户网站召集，由各地户外俱乐部组织和驴友自发参与，在一适合户外的景区集中，通过一系列户外活动、赛事、篝火晚会、露营活动，达到推广和普及户外活动、加强交流的目的。户外嘉年华帐篷节在2008年举办。在龙虎山美丽户外嘉年华上，除了一场别开生面的户外音乐节、一些可爱的女孩子们的表演、驴友们自制的户外特色美食，还有户外活动。各地的驴友能够享受龙虎山给他们带来的无穷乐趣。目前，江西龙虎山帐篷节在国内最具有影响力。

嘉年华

嘉年华是起源于欧洲的一种民间狂欢活动，原来是一个传统的节日狂欢活动，现在指包括大型游乐设施在内，辅以各种文化艺术活动形式的公众娱乐盛会。

露营

露营

  露营是一种短时的户外生活方式。露营者通常在山谷、湖畔、海边自己搭起帐篷或草棚，然后生起篝火，可以烧烤、野炊或者唱歌以达到娱乐的目的。也有军事露营。

驴友

  驴友，网络名词，特指旅游爱好者，一般指的是步行或骑自行车出去的旅游者。他们通常自己计划安排衣食住行，以体验大自然为目的，自备各种必需的旅游用品。

天师板栗节

龙虎山

　　为了让广大游客国庆期间有一个好去处，更好地宣传天师板栗品牌，龙虎山于2005年9月27日至10月3日举办了2008首届龙虎山"天师板栗节"，活动地点设在仙水岩鲤鱼湾天师板栗林。来自四面八方的中外游客在栗香四溢的天师板栗园摘板栗、剥板栗、火中取栗、品尝香栗，参加各种各样和板栗有关的趣味活动。在如诗如画的丹山碧水间尽情享受大自然赐予的野趣，返璞归真，放飞心情。由正一道创始人张道陵亲手栽植的板栗被称为天师板栗，享有"人间鲜果"美誉。天师板栗果大、色鲜、肉嫩、味甘，既可吃又可治病，在龙虎山历来就流传"龙虎山中天

板栗

师栗，大小神仙争着吃"。李时珍在《本草纲目》中就天师板栗的来源及食用疗效作了专门介绍。天师板栗通过当地人历代的选优种植，目前，种植面积广，年产量丰富，成为继旅游业之后景区的又一大支柱产业。同时，用板栗做成的"天师板栗烧土鸡"、"太极板栗羹"，用板栗酿成的"天师板栗酒"，都是地方特色餐饮中的美味佳肴。

李时珍

　　李时珍，明代著名中医药学家。李时珍深入实际进行调查，遍访名医，走遍祖国名山大川，参考历代有关医药及其学术书籍800多种，历时27年编成《本草纲目》。

《本草纲目》

　　《本草纲目》，明代医药学家李时珍所著，记载1800多种药物，10 000多个方剂，是16世纪中国最系统、最完整、最科学的一部医药学著作，被称为"东方医药巨典"。

天师板栗酒

　　传说天师板栗酒是道教传人张天师所制的板栗酒。之后，板栗酒流传于民间。酒体呈淡黄色，中度，纯正可口，清香诱人。现在，板栗酒已成为龙虎山的名产。

民俗表演大赛

　　龙虎山民俗表演大赛是为了充分宣传和展示龙虎山独特的旅游资源，挖掘民间文化艺术资源，促进民间文化艺术交流，并向游客展示龙虎山景区和上清古镇的全新风貌，为广大游客提供一个体验龙虎山风情民俗的互动项目，由鹰潭市文化局主办、龙虎山景区管委会承办。各种类型的民间戏曲表演，个人、团体皆可。全国各地的民间艺人、民间艺术团体（限五人以下）、民间绝活高手，身体健康者皆可报名参加。绝活类包括民间技艺、手工技能、民间文体特长等。灯彩类包括各种手工制作的民间传统花灯。不限类型的民间戏曲表演，单人、团体皆可参加民间的技艺、手工技能大赛等诸多活动丰富了旅游项目。获奖者都有丰厚的奖品。戏台上，身穿各式华丽民俗服装的选手们纷纷拿出看家本领，原汁原味的地方戏曲，奇巧的传世绝活，玲珑可爱的花灯……献给远方的游客。龙虎山民俗大赛深受青睐，不仅弘扬了民族文化、丰富了景区旅游内涵，也为节日的上清古镇增添了欢乐喜庆的色彩。

民族文化

　　民族文化指各民族在其历史发展过程中创造和发展起来的具有本民族特点的文化，每个民族都有自身的特色和风俗，包括饮食、衣着、住宅、语言、文字、艺术等。

地方戏曲

地方戏曲是指一定地区的戏曲剧种，是世界上独特的戏剧艺术，是我国非物质文化遗产的重要组成部分。中国地域辽阔，民族众多，有丰富多彩的地方戏。

花灯

花灯又名彩灯，起源于汉武帝在农历正月十五日于皇宫设坛祭祀当时天神中最尊贵的太一神，必须终夜点灯照明。花灯盛于唐代，到了宋代遍及民间。

江上捕鱼

婚　　俗

泸溪河鸭群

　　龙虎山一带男女定亲叫做"看主家"。男方同意后，女方父母择吉日带领女儿、亲戚到男方家里"看主家"。男方要放鞭炮迎接，并准备糖果、糕点，摆放在拼拢的几张饭桌上，双方父母和亲戚依次而坐，商议婚事。双方结成儿女亲家，男方则大摆宴席，称为吃"成事饭"。女儿要出嫁了，有哭嫁的风俗。新娘要向父亲和亲戚哭别，女人们哭成一团，哭声如同歌唱，而哭唱的歌词内容非常丰富，是现编现唱的。父母和亲戚向新娘送红包，作为"压箱钱"。然后新娘到厅堂跪拜祖宗和父母，作为对娘家最后的辞别。辞堂后，由舅舅抱着进入花轿。然后夫妻双双坐入古色古香的花轿，由媒婆引路，锣鼓队紧随其后，吹吹打打在村内巡游一圈，便在新房前落轿，由司仪主持婚礼。先是进行"退轿煞"，司仪左手抓鸡，右手拿菜刀，一边在轿门上拍打"祛邪"，一边唱口彩；然后新人下轿跨过地上的米筛、麻袋，象征夫妻将来生下好的后代，且代代相传；最后就拜天地，喝交杯酒，入"洞房"。

花轿

　　轿子原名舆，最早出现在西汉，晋六朝盛行肩舆，到后唐五代，才开始有"轿"的名字。北宋时，轿子只供皇室使用。把轿子运用到娶亲上，最早见于宋代。

口彩

　　口彩实际上是人们的感情寄托，是借助谐音的吉利、吉祥话，祝福吉祥如意、大顺大利等意思，这是龙虎山婚俗程序的一种表现形式。

压箱钱

　　压箱钱是古时女儿出嫁父母给女儿一些钱，放在箱底，是以防不测，为女儿准备的"救命钱"。结婚时，女方必须佩戴压箱钱进入男方家，男方家也要在此箱内放钱。

天师养生茶

天师养生茶为江西省鹰潭市的名产，相传为道家一代宗师张天师所创，道教对修身养性极为讲究，茶也为历代张天师养生修道的必备之物。龙虎山烟笼雾锁的环境适合生长茶叶，这里的茶叶味道自然、清香怡人。天师养生茶融合道家养生经验，精选名贵药材，加海拔1500米樟坪畲乡竹林间野生茶叶，精制而成，有增强抗病能力、健脾明目、抗衰养颜、延年益寿之效。天师养生茶非常讲究，秋冬以红茶为基茶，加入罗汉果、胖大海等中药，有止咳化痰、润喉利肺以及降血脂的作用；春夏以绿茶为基茶，加菊花、金银花、舌根草、枸杞子、茅根等，有清肝明目、利尿

金银花开

健肾等作用。日常悠然饮，养生且怡神。随着龙虎山知名度的不断扩大，张天师养生茶也家喻户晓，成为馈赠亲朋的佳品。

罗汉果

罗汉果被称为"神仙果"，呈卵形、椭圆形，表面褐色、黄褐色或绿褐色，有深色斑块及黄色绒毛。果实中有丰富的葡萄糖、果糖及多种维生素等，用途广泛。

茅根

茅根又叫茅草、白茅草、白茅根，蓝根，根茎密生鳞，秆丛生，直立，叶多丛集基部，叶片扁平，条行或针形，花银白色，用于水肿、黄疸、热病烦渴、咳嗽等。

金银花

金银花呈棒状，上粗下细，略弯曲，表面黄白色或绿白色，密被短柔毛。偶见叶状苞片，花萼绿色，开放时花冠筒状，气清香，味淡微苦，是清热解毒的良药。

天师养生茶

天师灵泉

　　"天师灵泉"之水取自道教祖庭龙虎山嗣汉天师府玉皇殿前的灵泉井。据记载，灵泉井建于南宋，距今有700多年历史。最让人不可思议的是具有近千年历史的灵泉井仍完好无损，仍然是天师府道家弟子生活的唯一水源。因井凿成时看见紫气升腾，灵验无比，故取名灵泉井。灵泉井自建成之日起，就成为历代天师炼丹、法事、祛病、禳灾专用之水，也是天师一日不可或缺的养生之水。历代天师饮用此水，寿高百岁者甚多。常饮此水，养颜健体、保平安。"天师灵泉"饮用天然泉水具有深厚的道教文化

玉皇殿

底蕴，是国内稀有的优质高端饮用天然泉水之一。"天师灵泉"经国家食品质量监督检验中心(上海)检测，富含钙、铁、锌、硒等对人体有益的矿物质和微量元素。

玉皇殿

玉皇殿是目前天师府最大的建筑，玉皇殿内正中供奉着玉皇大帝神像，左右有金童、玉女，东西有十二天将，殿以钢筋水泥为建筑材料，朱垣碧瓦，雕梁画栋，巍峨矗立。

南宋

南宋在1127年由赵高建立，都城在临安（现在的杭州），是一个腐败懦弱的朝代，1276年被元朝所灭。

灵泉井

在玉皇殿二门通往大堂的甬道中心，掘有一井，由南宋著名高道白玉蟾遵奉第三十五代天师张可大遵法旨所凿，泉水清澈甘甜，久旱不枯，称灵泉井。

芝 麻 酥

　　龙虎山芝麻酥是龙虎山的特色美食之一。它的产品特色是酥脆香甜，料工考究，营养滋补，分外爽口。芝麻酥以芝麻为主料，辅以面筋、黄油糖等其他配料，精细加工烤制而成。芝麻酥的出名是在北宋时期，欧阳修、苏东坡、苏洵、曾巩和苏辙应王安石的邀请，来到江西龙虎山游玩。六人走得疲乏的时候，于是就来到一家茶点坊休憩。当坊主得知六人就是当时文坛大师的时候，异常高兴，急忙拿出当地颇有名气的芝麻薄切片、花生薄切片、玉米薄切片、米果薄切片、松仁薄切片和葵仁薄切片6种精致茶点奉茶，并热忱介绍其酥脆香甜，料工靠究，营养滋补。六人品尝后连连称绝，一时高兴便欣然令名为"茶点六君子"，从此这家茶点坊名声大震，生意异常红火。许多交朋结友之士无一不以能品尝这六种薄切片为荣，来增进友谊。

欧阳修

　　欧阳修，号醉翁，又号六一居士，与苏轼、王安石等并称唐宋八大家。北宋时期政治家、文学家、史学家和诗人，北宋诗文革新运动的领导者，文学创作上的成就突出。

苏东坡

苏东坡，号东坡居士。与父苏洵、弟苏辙合称三苏。北宋著名散文家、文学家、词人、诗人，是豪放派的主要代表。苏东坡有改革弊政的抱负，在仕途上多经坎坷。

王安石

王安石，字介甫，世称临川先生，中国杰出的政治家、文学家、改革家，被列宁誉为中国11世纪伟大的改革家。王安石变法得到北宋神宗的支持，但后来失败。

近看象鼻山

芝麻酥

香　　肉

龙虎山飞云阁

香肉是龙虎山旅游区的美食特色之一。香肉由狗肉做成，因为狗肉味甘、温热，味道醇厚，芳香四溢，所以又被称为香肉。如今香肉已成为膳食中的稀世珍品，餐桌上的时尚佳肴。再配上龙虎苦菜、荠菜羹、清炖石鸡，营养非常丰富。龙虎山香肉坚实，肌纤维细嫩，中间还夹杂极少的脂肪，是冬令进补的佳品，非常好吃而且便宜，可以说是物美价廉。它是装置成袋的零食，不是一道菜。狗肉不仅蛋白质含量高，而且蛋白质质量极佳，尤以球蛋白比例大，对增强机体抗病力和细胞活力及器官功能有明显作用。食用狗肉可增强人的体魄，提高消化能力，促进血液循环。老年人若患有虚弱症，如四肢厥冷、精神不振等，冬天常吃，可增强抗寒能力。狗肉热性大，滋补强，食后会促进血压升高。龙虎山香肉更是旅游、酬宾宴客、馈赠亲友的理想食品。

龙虎苦菜

苦菜是一种野生草本植物，无污染，未使用任何人工肥料，食之爽口，并有清凉解毒等药用功效。现在它已成为当地物美价廉的菜肴。

荠菜羹

荠菜是龙虎山野生的一年或多年生草本植物，一般吃嫩叶，而全草入中药，具有利尿、解热、止血作用。荠菜羹也是一道美味佳肴。

清炖石鸡

石鸡生长在深山的水坑或石洞内，不易捕获。其肉质细嫩肥厚，清炖味道很鲜，鲜味中还有淡淡的甜味，具有清凉解毒的食疗效果。即便是炎热的夏天，石鸡汤也会结成冻状。

土　葛　糕

　　土葛糕是龙虎山旅游区的特色美食之一。土葛糕是南方一种常食的糕点，另外还有贵溪灯芯糕和龙兴铺灯芯糕等糕点。土葛糕味甘凉可口，常用来煲汤。葛酥、葛糕小吃入口香甜，香气浓烈，分外爽口，绿色无污染，还有丰富的营养价值。土葛糕由豆科多年生草本植物野葛制成，植物体由球形的单细胞连成串珠状的细丝，外面包着一层胶质物，湿时蓝绿色，干时灰色。野葛茎很长，缠绕在他物上，花紫红色。野葛根可提制淀粉，又供药用。野葛可食，又可入药，有解热、祛痰等作用。葛的块根，因含有黄酮类及多量淀粉成分，能解饥退热，治高血压、颈项强痛、冠心病等。从葛根提取淀粉，要先磨碎葛根后滤干晾晒而成，经常吃野葛食品能姿容养颜。野葛能促进皮肤白皙、光润、细腻，使女性焕发青春光彩。葛粉最重要的功效是养颜、延缓衰老、增强人体免疫力，葛粉还具有抗辐射、醒酒等功效，能防御心脑血管疾病、降血脂、降血糖，是一种理想的绿色保健食品。

贵溪灯芯糕

　　贵溪灯芯糕已有800多年的历史，是江西四大名特糕点之一，清代为贡品，被乾隆皇帝誉为"京省驰名，独此一家"。灯芯糕外观洁白晶莹，糕条柔软，甜而不腻，香味沁人，形状像灯芯，可以点燃。

龙虎山风光

龙兴铺灯芯糕

龙兴铺灯芯糕以糯米、绵白糖和纯麻油为主要原料，配上桂皮、肉桂、白芷、陈皮等名贵中药材，经过炒米、磨粉、糕粉汽化、擦粉、筑糕、压榨、切片、切丝等工序加工而成。

葛酥

葛酥龙虎山的特色美食饼干糕点之一。以开心果、山葛、优质糕粉、葡萄糖、植物油等精制而成。这种食品的特点是脆酥清香，鲜味可口，营养丰富，老幼皆宜，为休闲佳品。

土葛糕

天师豆腐宴

　　天师豆腐宴具有道家文化色彩，是天师道菜系列之一。作为张天师素食之一，天师豆腐宴营养极为丰富，具有"宽中益气、消肿痛、下大肠浊气"及"清热散血"等功效，还可治酒精中毒、血气不足、脾肾阳虚、贫血、痢疾等。另外，再配上宫中地鸡、腌菜浆蒸蛋和冬笋咸肉丝，味道特别美。据传，乾隆皇帝下江南时，身染小疾，茶饭不思。到了天师府，召见天师，寻求灵丹妙药。张天师排摆御膳，清一色的豆腐，油煎豆腐、红烧豆腐、清炖豆腐等各具特色，做工精细，品种繁多，花样百出。乾隆皇帝闻到豆腐的香味胃口大增，尤其对其中的一道"黄袍拜君王"赞不绝口，病竟不治而愈。回京后，特宣召天师进京传艺。改革开放的总设计师邓小平同志南行路过鹰潭、老一辈革命家朱德来鹰潭都曾点名品

龙虎山远眺

尝上清豆腐。一些国际友人和港澳同胞来龙虎山朝圣祭祖、旅游观光，品尝上清豆腐后都交口称赞。天师豆腐宴是有中国民族特色的美食。

宫中地鸡

宫中地鸡做法是先将土鸡和斑鸠整体脱骨，在麻雀腹内放入高丽参，再将麻雀放入斑鸠腹中后加入白莲、板栗、冰糖，然后放入鸡的腹中，填进桂圆、冰糖。在气钵内隔水炖烂。

腌菜浆蒸蛋

腌菜浆蒸蛋是用2～3个土鸡蛋打烂，不是加清水，而是放农家腌菜的浆水，再放适量的盐、辣椒末，在木制的甑上蒸十几分钟。味道酸、辣、鲜、香。

冬笋咸肉丝

冬笋是龙虎山传统的食用土特产品，它个大、饱满、无虫眼，笋肉色白鲜嫩，与新鲜肉或咸肉、鸡蛋等做成菜肴，具有鲜、嫩、甜、爽的特点。

天师豆腐宴

上清豆腐

　　上清豆腐是当地三大名菜之一。这三大名菜是"上清豆腐"、"泸溪鱼"、"天师板栗烧土鸡"。制作豆腐在上清有着悠久的历史，至今镇上仍是作坊林立。这里的豆腐因水质好，加上传统的手工工艺十分地道，过滤精细，含水适度，具有白、嫩、香、滑的特点，无论是煎、炸、煮、炖、焖、凉拌，都清香鲜美，柔滑润喉。如果佐以黄鱼角、鲜猪肉、香菇、豆豉、香葱或辣椒，都是各有特色，风味十足。而做成油豆腐、霉豆腐、豆腐干、豆腐皮等，也是十分受欢迎的菜肴和小吃。"黄袍拜君王"好吃，关键是上清豆腐细嫩香滑、沁人心脾。当地饭馆中烧的鳙鱼豆腐和天宝豆腐都是风味独特的豆腐名菜。上清豆腐以优质的大豆，配上泸溪河畔的优质天然矿泉水，用相传百年的传统手工艺精制而成。

豆腐干

　　豆腐干是豆腐的再加工制品，咸香爽口，硬中带韧，久放不坏。豆腐干营养丰富，含有大量蛋白质、脂肪、碳水化合物，还含有钙、磷、铁等多种人体所需的矿物质。

黄袍拜君王

黄袍拜君王就是用黄鱼角烧上清豆腐，它的做法是先将黄鱼角略煎，加入米酒、生姜片、葱、整干红椒、盐等，倒入高汤，用旺火烧，再放入上清豆腐微火炖。

天师板栗烧土鸡

天师板栗烧土鸡是用天师板栗和当地农家喂养的土鸡相配，在文火中慢慢地烧至油光发亮，清香四溢，是有名的美味佳肴，可以滋阴补阳，健脾益肾，具有很高的营养价值。

人文景观

上清豆腐

天师八卦宴

　　天师八卦宴是历代天师宴请宾客、举行重大活动而设的大型宴席。天师八卦宴最大特点是，既注意菜肴的品种，更注重菜盘的摆放，饮食文化独特，道教寓意也很深刻。设席使用老式八仙桌，按八卦的"乾、坤、震、巽、坎、离、艮、兑"八个方位，先上八个小菜或小吃，如捺菜、茄子干、柚子皮、霉豆腐、灯芯糕、寿星饼、南瓜子、冬瓜糖等，八位客人每人斟上"天师养生茶"。茶过三巡，撤下小菜，再上八大菜。先是上用"红枣糯米"等原料精制而成的太极八宝饭，八宝饭放在桌子的正中，定下乾坤，再按阴阳生太极、太极生两仪、两仪生四象、四象生八

天师府一景

114

卦的道教八卦规律，依次摆上特制的盘子盛装的八大菜。按道教方位规定，北为玄武、南为朱雀、左为青龙、右为白虎。所以代表玄武的红烧龟肉放在上座的正中，代表朱雀的板栗烧鸡放在下位的正中，左右两侧正中分别是代表龙的清炖蛇和红烧兔子肉。其他荤素菜肴便在空位摆下，正好围成一个太极八卦图，可谓色香味形俱全，文化韵味十足。

捺菜

捺菜是用荠菜为主料，然后放入辣椒、蒜梗、山芋、黄豆和盐，有的还放少许糖或甘草，腌制一年后食用，酸、辣、咸、甜，清脆爽口，是当地家家户户不可少的待客茶点。

霉豆腐

霉豆腐是先把豆腐放大概一个星期左右，使其发酵好，将辣椒面、花椒面、盐、鸡精、新鲜橘皮沫各适量搅拌均匀，再把高度白酒倒入装着豆腐的盆内即可。

茄子干

茄子干是龙虎山的民间风味特产，选料考究，风味传统，并含有氨基酸、核黄素等多种营养成分，生津开胃，令人百吃不厌。

泸溪活鱼

　　泸溪活鱼是龙虎山著名的特色菜之一。"水至清则无鱼"，而清水中有鱼，这鱼特别鲜嫩，泸溪河里的鱼就是如此。泸溪河毫无污染，清澈见底，这里水好景美，资源丰富，水质优良，生长着大量野生的鲫鱼、鲤鱼、溪哥、桃花鱼、勾鱼、鲩鱼、鲶鱼，其中盛产的鲩鱼、鲑鱼、黄鱼角肉嫩味甘，没有泥腥味，特别好吃，成为当地的名菜。但最具有代表性的还是有着地方特色的泸溪河鱼（倒刺鲃），此鱼俗称青鱼、黑脸鱼。有须两对，体长而侧扁，腹部无鳞。体色灰绿，各鳍为红色。体侧大部分鳞片基部有一黑斑。一般个体长40厘米，体重两千克，最大个体可达60厘米，重达4千克以上。其中红烧鲩鱼做法简单，味道鲜美。先将鲩鱼稍许油炸，然后配以适量的新鲜辣椒、姜片、大蒜等调料，一起红烧。不腥，口感好，柔滑鲜嫩，令人百吃不厌。鱼类不仅是优质食物，还能够抗血栓、降低血液黏度、使血压下降，可用于预防和治疗心肌梗死、冠心病、脉管炎、脑动脉硬化等多种疾病。

鲑鱼

　　鲑鱼又叫大马哈鱼，体侧扁，背部隆起，齿尖锐，鳞片细小，刺少，银灰色，肉色橙红，肉质细嫩鲜美，含有丰富的蛋白质，但脂肪含量少，具有极高的营养价值。

山水风光

水至清则无鱼

此语出自班固的《汉书》"水至清则无鱼，人至察则无徒"。水清无鱼，告诫人们对人不要太指责，太苛刻。

鲩鱼

鲩鱼是世界著名的"四大家鱼"，也叫草鱼，一般生活在江河、湖泊等淡水中，生长较快。鲩鱼肉质肥嫩，味道鲜美，肉嫩而不腻，可以开胃、滋补。

泸溪活鱼

香　菇

　　龙虎山香菇属高等菌类，素有"植物皇后"的美誉。个大，肉厚，菇形完整，品质优良，且品种繁多，营养丰富，色泽好，爽滑鲜嫩，香气流溢，生长于龙虎山山林，经木炭火烘烤、脱水精选而成，保留了纯天然品质。这种个个如三枚硬币一般大小、带花纹的"金钱菇"尤为名贵，香气浓郁，与猪肉同煮，特别爽口。除沾了香菇的香气外，还特别滑嫩，这是龙虎山特有的烹调方法。将新鲜的精肉先切成肉丁，然后与干芡粉和在一起，用榔头将肉丁敲成肉饼，使芡粉深入肉中，用清水与香菇一起煮，只放香葱不放辣。这道菜非常清爽，它含有人体所必需的多种营养

龙虎山香菇

物质，味香质嫩，对预防脑出血、高血脂、肠胃不适等有显著功效，是人们生活中首选的绿色保健食品。香菇性寒，味微苦，有利肝益胃的功效。常吃可健体益智，有提高脑细胞功能的作用。如《神农本草》中就有服饵菌类可以"增智慧"、"益智开心"的记载。香菇还能抗感冒病毒，含有一种干扰素的诱导剂，从而使人体产生免疫作用。

菌类

已知的菌类大约有10万种。菌类植物结构简单，没有根、茎、叶等器官，包括蘑菇、黑木耳、银耳、桦树菇、黑木耳、灵芝、冬虫夏草等，品种多样，营养丰富。

《神农本草》

《神农本草》成书于东汉，是我国第一部完整的药物学著作，记载了300多种药物，并记载了每味药的性味、主治、异名及生长环境，在我国医学史上占有重要的位置。

免疫

免就是免除，疫就是病疫。免疫是人体的一种生理功能，人体依靠这种功能识别"自己"和"非己"成分，抵抗或防止微生物、寄生物的感染和侵入。

香菇

天师板栗

　　天师板栗是龙虎山最有名气的特产之一。天师板栗树分布在贵县上清泸溪河、余江县白塔河流域一带，素有"人间仙果"之称。相传东汉年间，第一代天师张道陵在龙虎山炼丹时，因为不爱荤腥，便栽了许多板栗树，以栗代饭，因为培植于大上清宫和嗣汉天师府内，所以得名天师板栗。在他的影响下，历代天师群起仿之，在泸溪河两岸栽满板栗树。天师板栗淀粉丰富，个大均匀，色白柔嫩，油光泽亮，味甜细腻，营养丰富，是历代朝廷的贡品，也是理想的果品和滋补品。板栗可生食，也可熟食。如果用板栗烧肉、烧鸡，那扑鼻的醇香令人馋涎欲滴，历代皇帝都比较喜欢。传说乾隆皇帝游览天师府时，天师叫厨师烧了一碗板栗鸡汤和一盘板栗扣板鸭两道名菜，乾隆在品尝时，赞不绝口。自此，天师板栗身价百倍，一跃成为贡品。用天师板栗做的各种美味佳肴也越来越受到人们的喜爱。张天师还用它制成了板栗酒。现在，天师板栗的品质已达到了国家绿色食品标准，天师板栗品位得到提升。

绿色食品

　　绿色食品指按特定生产方式生产，并经国家有关专门机构认定的无污染、无公害、安全、优质、营养型的食品。它的标识图形是上方太阳、下方叶片和中间蓓蕾。

乾隆

乾隆即爱新觉罗·弘历，雍正帝的第四个儿子。一生喜文喜诗，作诗曾多达4万首，是中国历史上非常有作为的皇帝。六下江南被人们津津乐道。

板鸭

板鸭为"腊中之王"。鸭体扁平，外形桃园，肋骨八方形，尾部半圆形。尾油丰满不外露，肥瘦肉分明，皮色奶白色，瘦肉酱色。板鸭皮酥、骨脆、肉嫩、肥肉不腻。

天师板栗

塔 桥 梨

塔桥梨栽培于塔桥镇的塔桥园艺场，因此得名。塔桥梨具有悠久的栽培历史，其外形美观、品质优良，具有皮薄肉嫩、口感香脆甜、营养丰富、上市较早等特点。早在1959年，塔桥梨被送往庐山会议中的中央领导品尝，得到了毛泽东和周恩来等领导人的高度评价。20世纪60年代，塔桥梨年产量非常高，产品远销东南亚各国。年最高出口量达550吨，出口创汇100万美元，是该市重要的外贸出口创汇产品。此外，龙虎山的野樱桃也久负盛名。近年来，鹰潭市经常举办大型梨花节，每当梨花开的时候，花如海，人如潮，数千名来自全国各地的记者、作家、梨树专家、投

野樱桃

资客商、果业大户和游客们迎着和煦的春风，陶醉在这片梨花的海洋之中。前来鹰潭投资果业、旅游观光的客商和游客络绎不绝。

塔桥园艺场

塔桥园艺场是中国南方栽种面积大、产地集中、品种齐全、管理规范的早熟梨生产基地。该场已是远近闻名的水果之乡，尤以塔桥梨享誉四海。

野樱桃

樱桃属于蔷薇科落叶乔木。樱桃成熟时颜色鲜红，玲珑剔透，味美形娇，含有大量的维生素C，营养丰富，医疗保健价值颇高。野樱桃是纯天然绿色食品，有"早春第一果"的美誉。

梨花节

梨花节泛指各地依托梨树梨花资源而举办的"以花为媒，以节会友，旅游兴业"的活动。目前，我国很多地方都在举办形式多样的梨花节。东风绽开梨花面，引得游人如潮来。

塔桥梨

文学作品中的龙虎山

自然风光

　　文学作品中关于龙虎山的诗句特别多。其中著名的有李白的《望龙虎山五老峰》、方回的《送赵仁则官满西归三首》、夏元鼎《祷正一真君》。

　　《望龙虎山五老峰》首句就是"庐山东南五老峰"，开门见山，紧扣诗题。交待了五老峰的地理位置，点明是在庐山的东南面。第二句"青天削出金芙蓉"就出奇了。在李白的眼里，阳光照射下的五老峰，金碧辉煌，就如同盛开着的金色芙蓉花一般，写出了五老峰的陡直山势。第三句"九江秀色可揽结"，与前句互相照应。最后一句"吾将此地巢云松"，五老峰地处庐山的东南面，风光优美，山势又如此险峻，九江的秀丽风光又可尽收眼底，山上又有着白云青松，这一切都触动了诗人的出世思想，使他不忍离去。后来，李白果然在五老峰的青松白云之中隐居了一段时间。这首诗既反映了诗人对五老峰风光的热爱，同时也反映了诗人的出世思想。

李白

　　李白，唐朝著名的诗人，被称为"诗仙"，出生于盛唐，一生游历了大半个中国。他批判腐败的政治现象，蔑视权贵，开创了中国古典诗歌的黄金时代，是最伟大的浪漫主义诗人，豪迈奔放。

五老峰

　　五老峰是地处庐山东南的五座山峰，就像五位老人席地而坐，所以称五老峰，这里奇岩怪石，雄奇秀丽，从各个角度去看，形态各异，千奇百态。

九江

　　九江是长江中下游重要城市，鄱阳湖生态经济区重要城市。九江人杰地灵，物华天宝，旅游资源极其丰富，便利的水陆交通曾促进了中华经济、文化的发展。

《水浒传》 与龙虎山

　　龙虎山因《水浒传》和张天师而名扬天下。《水浒传》开篇第一回："张天师祈禳瘟疫，洪太尉误走妖魔"，浓墨重彩地描绘了龙虎山的秀美景色："千峰竞秀，万壑争流。瀑布横飞，藤萝倒挂。"描写伏魔殿的镇妖井，太尉受到派遣，前往龙虎山，请张天师到京城祈禳瘟疫。太尉急着去见天师，独自上龙虎山，天师迟迟不露面，先变老虎吓唬他，再变大蛇戏弄他，最后变牧童试探他。太尉未见到天师，第二天去大上清宫的伏魔之殿，见石碑上凿着"遇洪而开"四个大字，心想，我是洪太尉，遇洪而开，莫非是等我来打开这伏魔之殿？其实，上清古镇的"上清宫

龙虎山全景

嗣汉天师府"内伏魔殿的镇妖井，就是施耐庵笔下梁山英雄好汉一百零八将的出生处。在这里演绎出一场惊天动地的"水浒"故事。《水浒传》中起重要作用的是道教的九天玄女。"玄"是深奥神妙的意思。《老子》中说："玄之又玄，众妙之门。"玄女即是神女，也称九天玄女。《水浒传》中梁山首领宋江夜梦《水浒传》，玄女亲授天书给宋江。

《水浒传》

《水浒传》，四大名著之一，由元末明初施耐庵所作，是第一部歌颂农民起义的长篇小说。描写了北宋末年以宋江为首的108个人在梁山泊聚义的故事。

洪太尉

洪太尉是《水浒传》中的洪信。受宋仁宗诏命前往龙虎山，宣请嗣汉天师张真人赴朝，祇禳瘟疫。来到伏魔殿，放走了三十六天罡星、七十二地煞星这一百零八星。

九天玄女

九天玄女，神话传说中的女神，因除暴安民有功，玉皇大帝才敕封为九天娘娘、九天玄女娘娘，她是正义的化身。道教将其奉为女仙，自古以来深受爱戴。

图书在版编目（CIP）数据

龙虎山 / 赵玉侠编著. —— 长春：吉林出版集团股份有限公司，2013.1
（中华美好山川）
ISBN 978-7-5534-1393-8

Ⅰ．①龙… Ⅱ．①赵… Ⅲ．①龙虎山-介绍 Ⅳ．①K928.3

中国版本图书馆CIP数据核字(2012)第316562号

龙虎山
LONGHU SHAN

编　　著	赵玉侠
策　　划	刘野
责任编辑	祖　航　李　娇
封面设计	隋　超
开　　本	680mm×940mm　1/16
字　　数	42千
印　　张	8
版　　次	2013年1月第1版
印　　次	2018年5月第3次印刷

出　　版	吉林出版集团股份有限公司
发　　行	吉林出版集团股份有限公司
地　　址	长春市人民大街4646号
	邮编：130021
电　　话	总编办：0431-85618719
	发行科：0431-85618720
邮　　箱	SXWH00110@163.com
印　　刷	湖北金海印务有限公司

书　　号	ISBN 978-7-5534-1393-8
定　　价	25.80元